Dieter Mittelsten Scheid

Stille in einer lauten Welt

Dieter Mittelsten Scheid

STILLE IN EINER LAUTEN WELT

Im Schweigen sich selbst erfahren

Kösel

Umschlag: Elisabeth Petersen, München
Umschlagmotiv: Stockbyte / Getty Images
Fotos im Innenteil: Dieter Mittelsten Scheid
Druck und Bindung: Kösel, Krugzell
Printed in Germany
ISBN: 978-3-466-34510-6

*Gedruckt auf umweltfreundlich hergestelltem Bilderdruckpapier
(säurefrei und chlorfrei gebleicht)*

www.koesel.de

Inhalt

Dank

Ein Buch, das sich mit wesentlichen Aspekten und Fragen unseres Menschseins befasst, ist immer auch Ausdruck des Beziehungsgefüges und der Kultur, in denen ich lebe. Selbst wenn es aus meinem persönlichen Erleben heraus geschrieben ist, drücken sich doch alle Einflüsse darin aus, durch die ich der Mensch wurde, der ich jetzt bin.

So kann am Anfang nur mein Dank stehen für alles, was mir all jene Menschen, die mir nahe waren und sind, und diejenigen, denen ich in irgendeiner Form begegnet bin, gegeben und vermittelt haben: meine Mutter, mein Vater, mein Sohn, meine Großeltern, meine Schwester, meine Familie, meine Freunde, meine Lehrer und viele andere. Besonders möchte ich meine Frau Batya hervorheben und ihr für ihre beständige, liebevolle Unterstützung, Anregung und Geduld danken. Ohne ihr Engagement und ihre Mitarbeit in den Schweigetreffen, ohne ihr Dasein wäre dieses Buch nie entstanden.

Besonders wichtig waren die vielen Menschen, die in all den Jahren an unseren Gruppen teilgenommen haben. Im schweigenden Beisammensein und Begegnen hat sich mir vieles von dem eröffnet, was in diesem Buch seinen Ausdruck findet. Hinzu kamen Gespräche mit guten Freunden und Bekannten, in denen wir immer wieder gemeinsam den angesprochenen Fragen nachgespürt haben, in gegenseitiger Konfrontation und Anregung. Ihnen allen möchte ich danken.

Schließlich haben mich viele Bücher aus den Bereichen Natur- und Kognitionswissenschaft, Philosophie und Religion sowie Gedichtbände beeinflusst und meine Art zu schauen und zu spüren geprägt. Es ist mir nicht möglich, im Einzelnen all das aufzuzählen, das sich in mir vermischt und verbunden hat. Der Art meiner Aufzeichnungen entspricht es auch nicht, spezifische Buchhinweise und Anmerkungen einzufügen. Deshalb verweise ich auf die Literaturliste im Anhang, die im Zusammenhang dieses Buches jene Titel enthält, die für mich wesentlich sind. Ich möchte meine Dankbarkeit und Anerkennung für die Autoren betonen.

Besonders möchte ich Jiddu Krishnamurti mit großer Hochachtung und Liebe erwähnen, der mich als Lehrer und Mensch tief geprägt hat. Er lehrte mich, die menschlichen Bewusstseinsprozesse zu verstehen und das Geheimnis des Jetzt zu entdecken.

Ein herzlicher Dank geht an Ulrike Reverey im Kösel-Verlag für ihr verständnisvolles Mitschwingen und ihre vielen, sehr konstruktiven Anregungen.

Insgesamt liegt es mir am Herzen, nochmals meine tiefe Dankbarkeit für alle Lebewesen, Menschen und Einflüsse auszudrücken, die mich angeregt, bereichert und beschenkt haben, und dafür, wie sich das Leben in all seiner Verbundenheit offenbart.

Dieter Mittelsten Scheid
München, im Frühjahr 2007

EINFÜHRUNG

Um was es geht

Dieses Buch ist eine Einladung an Sie, sich gemeinsam mit mir in den Raum der Stille zu begeben, in sich hineinzulauschen und miteinander die Tiefe unseres Menschseins zu ergründen. Dabei ist es nicht wichtig, ob Sie schon Erfahrungen mit Schweigen und Meditation gemacht haben oder ob Ihnen dies völlig neu ist. Auch kann es Sie in ganz unterschiedlichen Situationen ansprechen und abholen. Sie mögen vielleicht mitten im beruflichen oder familiären Leben stehen, beschäftigt und ausgefüllt sein, oder aber sich gerade in einer Lebenskrise befinden, ausgelöst durch einen Verlust oder eine Krankheit, durch Arbeitslosigkeit oder existenzielle Sinnfragen. Jeder von uns beginnt genau dort, wo sie oder er in der eigenen Wirklichkeit steht. Jeder von uns beginnt im Jetzt.

Obwohl meine Aufzeichnungen aus Schweigezeiten der letzten Jahre einen persönlichen Weg der Selbstentdeckung widerspiegeln, auf dem ich mich schon lange befinde, sind sie von einem inneren Feuer geleitet und genährt, das in uns allen brennt. Es ist das Feuer des Lebendigen selbst, das uns atmen, empfinden, wahrnehmen, denken und kreativ sein lässt. Es ist das Licht in uns, durch das wir als einmalige Wesen in der Welt erscheinen und handeln.

In diesem Buch geht es um Grundfragen unserer Existenz und menschlichen Natur, die sich vor allem mit der Wahrnehmung unserer Außen- und Innenwelt und mit der Frage unserer Identität beschäftigen. Es ist eine Einladung zu einem geduldigen Forschungsweg, der dem Lauschen in die zeitlose Frage »Wer bin ich?« entspringt. Dabei ist mir bewusst, dass Worte innere Erfahrungen immer nur begrenzt und vieldeutig ausdrücken können und dass es niemals möglich ist, ein persönliches Erleben jemand anderem so zu vermitteln, dass es zu seiner eigenen Wirklichkeit wird.

Deshalb geht es mir vor allem darum, Sie als Leser anzuregen und in Ihnen Interesse und Begeisterung dafür zu wecken, sich selbst auf eine Entdeckungsreise nach innen zu begeben. Es liegt mir am Herzen, besonders solche Fragen lebendig werden zu lassen, die auf den Weg rufen und Resonanz auslösen.

Auf dem Weg

Auf diesem Weg zu sich selbst gibt es aus meiner Sicht keine äußere Autorität, die einem sagt, was richtig und falsch ist. Denn trotz des umfangreichen Schrifttums, das sich mit diesen Bereichen beschäftigt und uns zu vermitteln versucht, welche Methoden und Übungen uns helfen könnten, nützt uns alles angelesene Wissen letztlich nur als Anregung. Das gilt für dieses Buch genauso. Wissen ist zwar hilfreich, kann aber auch behindern, verführen oder beschweren. Deshalb ermutige ich Sie, sich immer wieder davon zu lösen und Ihren eigenen Erkenntnissen zu vertrauen. Denn erst in der Unmittelbarkeit unseres eigenen Seins können wir die innewohnende Wahrheit entdecken.

Dafür müssen wir bereit sein, uns die Zeit und Muße zu nehmen, uns wirklich mit uns selbst zu befassen. Vieles Gewohnte in unserem Leben und unser eigenes Selbstverständnis gilt es zu hinterfragen. Manchmal werden wir wieder wie Kinder, die ein neues Sehen lernen.

Wenn wir diesen Prozess ernst nehmen und uns wirklich auf ihn einlassen, eröffnet er ganz natürlich überraschende Einsichten und Erkenntnisse. Gelegentlich führt er auch durch Krisen und oft durch unbekanntes Land. So werden Sie, wie ich, manchmal in Räume kommen, in denen Sie verwirrt oder desorientiert sind, und manchmal werden Sie vielleicht nicht mehr wissen, wer Sie eigentlich sind. Gleichzeitig werden Sie ständig Neues entdecken und von der Wirklichkeit eines Seinsgeschmacks erfüllt werden, der Sie beglückt und in einen tiefen Frieden ruft.

Zwei Wirklichkeiten

Hierbei ist es wichtig, sich von vornherein klar zu machen, dass wir beständig in zwei ganz unterschiedlichen Wirklichkeiten leben: in unserer biographisch gewachsenen Identität und in der unmittelbaren Präsenz der Gegenwart. Diese Unterscheidung mag überraschen, doch erscheint es mir grundlegend wichtig, sich ihrer bewusst zu werden. Die erste Wirklichkeit ist unser bekanntes Ich, mit dem wir uns meist unhinterfragt in unserem Alltag, in der Welt und in unseren Beziehungen bewegen. Es besteht aus unserer Geschichte, unserem Selbstbild, unseren Überzeugungen und Gefühlen und dem als sicher scheinenden Empfinden, dass wir aktiv und selbst entscheidend handeln und unser Leben führen.

Ganz anders die Präsenz der Gegenwart: Sie ist etwas völlig Unbekanntes und ständig Neues, die Essenz des Jetzt, das es vorher noch nie gab. Sie gehört niemandem und enthält doch alles, was ist. Oft sind wir so mit unserem Ich beschäftigt, dass wir sie gar nicht als ganz eigene Wirklichkeit spüren. Dabei ist die Seinspräsenz das Wirklichste und Kostbarste, das uns im Leben gegeben wird.

Auf dem Forschungs- und Entdeckungsweg, zu dem ich Sie einlade, werden wir uns im Wesentlichen mit diesen zwei Wirklichkeitsebenen beschäftigen. Dabei versuche ich, die Gegenwart in Stimmungs- und Naturbeschreibungen, in unmittelbaren Einsichten und durch Gedichte aufleuchten zu lassen, während die Ich-Prozesse vor allem durch ein genaues Betrachten unserer Denk- und Bewusstseinsabläufe sichtbar werden. Ich möchte Sie anregen, während des Lesens immer wieder innezuhalten, oder auch in die Natur hinauszugehen, um selbst zu untersuchen und zu überprüfen, ob Sie Ähnliches in sich selbst und in Ihrer Wahrnehmung entdecken.

Dabei empfehle ich, auf voreilige eigene Reaktionen im Denken, Fühlen und Körperempfinden zu achten, und darauf, wie schnell wir Schlussfolgerungen ziehen, die eine weitergehende Untersuchung verhindern. Dies geschieht vor allem durch innere Kommentare und durch Bewertungen, wie etwa Zustimmung und Ablehnung. Wenn es Ihnen möglich wird, dies alles erst einmal in der Schwebe zu halten und sich mehr auf das direkte Beobachten und Lauschen einzulassen, können Einsichten auftauchen, die andere Bewusstseinsebenen und Erfahrungen eröffnen.

Unser Beschäftigtsein

Für eine solche Art der Selbstbetrachtung ist es sehr unterstützend, eine Zeit lang alleine oder in einer Gruppe ganz auf das Sprechen zu verzichten und sich dadurch auf eine Schweigeerfahrung einzulassen. Es geht um ein Innehalten, in dem erst spürbar und sichtbar wird, was eigentlich in uns vorgeht.

Denn meist sind wir so sehr mit Äußerem beschäftigt, dass wir gar keine Zeit dafür haben, uns selbst in einer solchen Weise wahrzunehmen. Unser Beruf, unser Lebenskampf, unsere Familie und unsere Interessen fordern uns in der Regel so sehr, dass wir fast nur noch funktionieren und uns häufig im Stress fühlen. Obwohl wir uns nach Erholung sehnen, hat unsere auch durch die Werbung geprägte Vorstellung davon meist wenig mit Innehalten und Nichtstun gemein. Die Angebote für Kultur, Vergnügen, Wellness, Reisen und Weiterbildung sind so groß, dass es fast absurd erscheint, sich in den Ferien zurückzuziehen und zu schweigen. Wir sind es einfach zu sehr gewohnt, ständig beschäftigt und unterhalten zu sein.

Wenn Sie sich zum Beispiel auf einem belebten Platz in Ihrer Stadt umschauen, werden Sie sehen, dass wir Menschen fast dauernd zu irgendeinem Ziel hin unterwegs sind, oder damit beschäftigt sind, zu reden, zu essen, zu telefonieren oder zu lesen. Nur selten werden Sie jemanden entdecken, der einfach da ist und längere Zeit nur schaut. Die Geschwindigkeit und Hektik unseres Lebens werden Ihnen auffallen, die Reizüberflutung und Übersättigung durch Konsum, und unvermittelt könnte die Frage auftauchen: »Wohin rennen wir eigentlich dauernd?«

Ähnliches gilt für die ständig neuen Versuchungen der elektronischen Medien, die uns zwischen MP3-Player, Internet-Surfen, Videospielen und Fernsehen intensiv in ihre Klang- und Bilderwelt locken und uns durch Illusionen und manipulative Beeinflussung hypnotisieren. – Wo ist dort Platz für Schweigen?

Die Wirkung von Schweigen

Und dennoch: Schweigen lädt in besonderer Weise ein zum Innehalten, zum Entspannen, zum Wahrnehmen und zum Ausstieg aus der Routine. Zusätzlich bewirkt Schweigen eine ganz neue Art von Kommunikation und führt unmittelbar zu einer Intensivierung des Gegenwartserlebens. Wie stark es wirkt, wenn es unerwartet eintritt, ist Ihnen sicherlich bekannt.

Stellen Sie sich vor, Sie sind in einer Gesellschaft, und auf einmal hören alle – ohne Grund und Absprache – für einige Minuten auf zu sprechen. Wir wissen aus Erfahrung, welch knisternde und meist unangenehm gespannte Atmosphäre dann entsteht. Schlagartig ist etwas anders als zuvor, als alle noch mit irgendwelchen Gesprächsinhalten beschäftigt waren. Man schaut sich um und bemüht sich, herauszubekommen, was los ist, und im Kopf sucht man fast krampfhaft nach etwas, das man sagen könnte. Und so dauern solche Unterbrechungen meist weniger als eine Minute.

In so genannten Encounter-Gruppen wurde und wird ein auf diese Weise entstehendes Schweigen genutzt, um die Teilnehmer zu ihren momentanen Gedanken und Gefühlen zu führen und ihnen zu helfen, dass sich die aufbauende Spannung in einem häufig sehr emotionalen Ausbruch entlädt. Dabei merkt man, dass es nicht möglich ist, sich selbst zu entfliehen, und wie man sich aus solch einem Schweigen heraus meist authentischer und mehr von innen heraus zeigt. Auch wird die Wahrnehmung für die anderen geschärft.

Noch eine andere Wirkung von Schweigen kennen wir beispielsweise aus Konflikten in der Partnerschaft oder in der Familie. Nach einem Streit oder während einer Konfrontation hören wir manchmal ganz plötzlich auf, miteinander zu reden. Dies entsteht aus einer starken Emotion heraus oder durch eine plötzliche Leere, und oft fühlt es sich an wie eine innere Erstarrung. Wir strafen uns gegenseitig mit Missachtung, es herrscht eisiges Schweigen, niemand findet mehr die Brücke des Wortes zum anderen. Oft ist die sich darin entwickelnde Spannung unerträglich, und über kurz oder lang suchen wir wieder danach, uns mit Worten zu verstehen. Aber manchmal reden Menschen sogar jahrelang nicht mehr miteinander.

Andererseits kennen wir jedoch auch spontanes Schweigen mit uns vertrauten Menschen, das wir miteinander genießen können. Dies kann in der Natur sein, beim gemeinsamen Hören von Musik, bei einem besonders guten Essen, oder auch, wenn wir einfach nur zusammen sind und jeder mit etwas Eigenem beschäftigt ist. Dann verstärkt das Nichtreden eine Atmosphäre von Wesentlichem, das geteilt wird. In der Fähigkeit dazu drücken sich Vertrauen, Nähe und Entspanntsein aus.

Alleine schweigen

Etwas Besonderes ist es natürlich, wenn man sich alleine oder in einer Gruppe für mehrere Tage oder sogar Wochen zurückzieht, um zu schweigen. Da das Schweigen gewollt und abgesprochen ist, wirkt es nicht unnatürlich und wird meistens sogar als außerordentlich entlastend erlebt. Dabei ist die Wirkung immer wieder verschieden. Auch macht es einen großen Unterschied, ob man im Schweigen allein oder mit anderen zusammen ist.

Alleine schweigen wir schon, wenn wir ohne mobiles Telefon einen Spaziergang oder eine Wanderung machen, oder irgendwo sitzen, ohne etwas zu tun. Dabei werden Sie bemerken, dass Ihre Gedanken deutlicher und hörbarer werden, dass Sie mit sich selbst reden, dass Sie zwischen Erinnerungen und Zukunftsplänen hin und her wandern und dass Sie Ihre Körperempfindungen deutlicher wahrnehmen. Vor allem, wenn Sie in einer ansprechenden Umgebung oder in wunderschöner Natur sind, werden Sie nach einiger Zeit spüren, dass die Sinneseindrücke näher kommen und Gesehenes und Gehörtes Sie mehr berührt. Sie fühlen sich mehr anwesend.

Wenn ein solcher alleiniger Rückzug länger dauert und Sie sich nicht allzu sehr mit Lesen, Musik oder körperlicher und geistiger Arbeit ablenken, wird diese Sensibilisierung immer mehr zunehmen und gleichzeitig die Wahrnehmung der inneren Denk- und Bewusstseinsvorgänge deutlicher werden. Sie können dann erfahren, wie förderlich Schweigen in bestimmten Phasen für Klärungs- und Entscheidungsprozesse sein kann, und wie es die eigene Kreativität und das Berührtsein durch die Natur unterstützt. Zusätzlich entsteht fast immer ein Gefühl der Kräftigung und inneren Bereicherung. Ich glaube, wenn uns diese Wirkungen bekannter und bewusster wären, würden sich viel mehr Menschen diese Erfahrung gönnen.

Schweigen in der Gruppe

Beim gemeinsamen Schweigen als Paar, mit wenigen Freunden oder in einer Gruppe von Fremden geschehen die beschriebenen Prozesse ähnlich, aber es kommen noch ganz andere Elemente hinzu. Dabei ist das Wesentliche nicht, wie die meisten meinen, der Verzicht auf das Sprechen, sondern eine Bereicherung durch neue Erfahrungen, die wir sonst nie so erleben können. Meist ist es uns gar nicht bewusst, dass wir uns im Zusammensein mit anderen fast beständig beschreiben, erklären, rechtfertigen, beschuldigen, aufheitern und vieles mehr. Wir erzählen uns von unseren Erlebnissen und Plänen, wir sprechen über andere, wir diskutieren Ereignisse und Ansichten, wir machen Witze und manchmal Liebeserklärungen, geben Komplimente und kritisieren.

All dem ist gemeinsam, dass wir uns gegenseitig in Denkinhalte und in Gefühle rufen, die nur selten etwas mit der Gegenwart zu tun haben, und in denen wir uns als wir selbst darstellen und definieren. Dabei zeigen wir uns oft in ganz bestimmten Rollen und versuchen ein Selbstbild aufrechtzuerhalten, das uns gefällt oder von dem wir meinen, dass es passt oder erwartet wird. Durch dieses verbale Miteinandersein bestätigen wir uns fortwährend gegenseitig unsere Wirklichkeit und unsere Identität.

Ganz anders, wenn wir miteinander schweigen: Auf einmal wissen wir nicht mehr, was der andere denkt, und können ihm nicht erklären, was bei uns los ist. Wir begegnen einander nicht mehr über unsere Geschichten und Bemerkungen, sondern über unser unmittelbares Dasein, wie es sich zum Beispiel in unserer Körperhaltung und der Art, uns zu bewegen, ausdrückt, in unserer Gestik, Mimik und Ausstrahlung.

Ein weiterer Aspekt ist eine uns meist nicht bekannte Form von unmittelbarer Begegnung, die geschieht, wenn wir uns ohne Worte treffen. Oft nehmen wir einander dann viel mehr in unserem Sosein und damit in unserer Einmaligkeit wahr und werden dadurch in der Regel toleranter und liebenswerter. Die Kostbarkeit eines Menschen ist merkwürdigerweise ohne Worte sichtbarer. Das erleben gerade Paare oft mit besonderer Dankbarkeit. Wenn sie von ihrer langjährigen Routine-Kommunikation befreit sind, sehen sie sich nach einiger Zeit des Schweigens wieder mit neuen und häufig liebevollen Augen. Sie sehen einander wieder als zwei eigene Wesen, die sich dennoch ganz nahe sind.

Im Gruppenschweigen geschieht außerdem, wie erwähnt, eine für die meisten überraschende Intensivierung der Wahrnehmungsprozesse, wie sie im Alleinsein in dieser Form nicht vorkommt. Es ist, als verstärke das gemeinsame Achtsamsein das Sehen, Horchen und Spüren. Es ruft in ein Lauschen mit allen Sinnen, ein Lauschen, das stark von innen kommt und ansteckend wirkt. Die Natur und alles Anwesende kommen dadurch näher, und die gesamte Atmosphäre verdichtet sich. Und so entsteht eine Verbundenheit, die wir aus unserem alltäglichen Leben kaum kennen.

Du brauchst nichts zu sein,
um zu sein.
Die Stunden verrinnen von selbst,
du kannst sie vergessen.
Vergessen auch dich.
Wer sind wir denn schon?

Das Treiben des Geistes –
gib es dem Wind,
und das Gewicht deiner Seele
der Erde und dem Himmel darum.

Nicht ich bin die Mitte,
die Quelle der Schöpfung.
Und auch die anderen
sind es nicht.
Was soll es, wenn auch ich
mein Gesicht verliere?
Mich lasse, mich lasse,
dass es mich fasse,
das Sein
mit seiner Gelassenheit.

Schweigen als spiritueller Weg

Schon seit Menschengedenken haben sich Einzelne oder auch Gruppen Gleichgesinnter für lange Zeiten schweigend in die Wüste, die Berge und später beispielsweise in buddhistische und christliche Klöster zurückgezogen, um sich der Kontemplation und Meditation zu widmen. Auch heute ist dies noch die am meisten verbreitete Form des Schweigens, die auch von Laien zunehmend praktiziert wird. Häufig unterziehen sich die Menschen dabei festen Regeln und Gelübden und haben oft einen geistigen oder spirituellen Lehrer und Meister. Diese Art, des schweigend in einer Gemeinschaft zu leben, ist meist darauf ausgerichtet, weltliche und leibliche Anhaftungen zu überwinden und durch bestimmte Methoden der Versenkung und Meditation zu einer inneren Läuterung, innerem Frieden und letztlich zur Erleuchtung zu gelangen.

Vielen von uns scheint ein solcher Weg zu hart und zu abgelegen. Deshalb mögen auch manche beim Gedanken an Schweigen erschrecken und meinen, das sei nichts für sie oder das könnten sie gar nicht. Dies ist die häufigste Reaktion, der ich begegne, wenn ich von unseren Schweigetreffen erzähle. Ich hoffe, Sie durch meine Aufzeichnungen von diesem Vorurteil abbringen zu können und Sie auf einen Weg neugierig zu machen, der für jeden von uns erfahrbar ist. Dabei ist es keineswegs notwendig, dass Sie sich für religiöse oder spirituelle Fragen interessieren. Denn eine wirklich religiöse Erfahrung ist ohnehin etwas ganz anderes als unser durch viele Einflüsse entstandenes Bild davon. Es ist etwas ganz Einfaches und Natürliches, das im direkten Eintauchen in die Gegenwart geschieht. Wenn es sich ereignet, ist es immer unerwartet und ein Geschenk.

Schweigetreffen in Poci, Toskana

Alle Texte dieses Buches entstammen den Schweigetreffen der letzten Jahre, die meine Frau Batya Schwartz und ich in unserem Retreat-Zentrum *Poci* in der Toskana durchführen. Um das Umfeld und die Atmosphäre deutlicher zu machen, in denen die Texte entstanden sind, möchte ich etwas ausführlicher auf diese Treffen eingehen. Wir bieten sie schon seit 20 Jahren in einer renovierten alten Mühle an, die in einem fast noch unberührten Bachtal liegt. Der Ort ist bergend und von einer natürlichen Schönheit; das Haus einfach und gemütlich; für alles Notwendige ist gesorgt. Es sind nie mehr als 16 Teilnehmer in einer Gruppe, und manche zelten auch, um noch mehr für sich zu sein.

Die Treffen haben keinen weltanschaulichen oder religiösen Hintergrund und sind für alle Interessierten offen. Die Teilnehmer kommen aus ganz unterschiedlichen Motiven. Eigentlich alle haben jedoch ein großes Bedürfnis nach innerer Erholung und danach, einmal alles Unnötige loszulassen. Die meisten sind von ihrem Alltag erschöpft. Manche suchen diese Ruhe für wichtige Entscheidungen und innere Klärungsprozesse. Andere kommen aus einer schwierigen oder schmerzvollen Lebensphase und suchen Abstand und Unterstützung, um innerlich zu akzeptieren und zu heilen. Viele sind einfach durch Erzählungen neugierig geworden, und viele kommen immer wieder.

In Einführungsgesprächen wird über das Wesentliche gesprochen und alle aufkommenden Fragen werden möglichst beantwortet, sodass sich die Teilnehmenden gut aufgehoben und in Sicherheit fühlen, wenn das Schweigen beginnt. Zu den besprochenen Themen gehören neben den praktischen Dingen die Empfehlung, sich möglichst wenig abzulenken, Hinweise zu den Meditationen und Wahrnehmungsprozessen, Gespräche über die Kommunikation ohne Worte und über unsere Denkprozesse. Da wir zutiefst glauben, dass jeder nur in sich selbst die eigene Wahrheit finden kann, bemühen wir uns, zwar unsere Erfahrungen anzubieten, aber nicht als Autoritäten und Lehrer aufzutreten.

Während der Schweigephase gibt es eine zeitliche Struktur mit verschiedenen Meditationen, dem Angebot von Atembehandlungen und einem wöchentlichen Slow-motion-Tag. Wir beginnen morgens mit einer Gehmeditation unterhalb des Hauses. Am späten Vormittag, nachmittags und nach dem Abendessen haben wir dann die Möglichkeit, gemeinsam im Sitzen zu meditieren. Dafür gibt es drei unterschiedliche Plätze im Freien: mittags und nachmittags unter den Bäumen am Bach und abends unter freiem Himmel. So wird das innere Erleben durch die Natur wesentlich bereichert, und schon der Weg zum jeweiligen Platz ist Teil der Meditation. Jeder kann dabei in der gelernten oder selbst entwickelten eigenen Weise üben. Menschen ohne Meditationserfahrung empfehlen wir, auf ihren natürlichen Atemfluss und -Rhythmus zu achten und auf alles, was im Körper und im Denken geschieht. Dabei ist eine nicht zielorientierte, gelassene Wachheit hilfreich.

Auch bei den Atembehandlungen in den Schweigetreffen geht es um eine Verbindung mit dem natürlichen Atem. Wir arbeiten dabei mit der Methode der Atemtherapie, wie wir sie von Herta Richter in München gelernt haben: Der oder die Behandelte legt sich bekleidet auf eine Liege, und die Hände der Behandlerin/des Behandlers begleiten durch Berührung die Atembewegungen und rufen den Atem durch sanfte Impulse in die verschiedenen Körperräume. Nach und nach entstehen eine wohltuende Entspannung und eine nach innen gerichtete Achtsamkeit. Der subtile innere Atem und die Schwingungen im Körper werden lebendiger spürbar und führen zu einer Intensivierung des gegenwärtigen Daseins.

An den Slow-motion-Tagen bewegen sich alle für viele Stunden deutlich verlangsamt im eigenen Rhythmus. Die gesamte Gruppe kommt dadurch in eine Art schwebendes Zusammen-bewegt-Werden. Auch das führt zu einer starken Intensivierung des Erlebens, sei es beim Zubereiten der Speisen, beim Essen oder beim Gehen.

In manchen Gruppen unterbrechen wir das Schweigen alle zwei bis drei Tage für ein etwa zweistündiges meditatives Gespräch, das die aktuellen Prozesse der Einzelnen spiegelt und das Schweigen meist bereichert. Manche Teilnehmer benutzen die Schweigezeit auch, um einige Tage zu fasten, den Körper zu entschlacken und zu reinigen. Meist fühlen sie sich dabei nach etwa drei Tagen erstaunlich leicht und heiter und haben weniger körperliche Schmerzen. Die Sensibilität wird natürlich durch das Fasten noch zusätzlich unterstützt.

Obwohl wir allen empfehlen, die beschriebenen Angebote zu nutzen, gibt es keinen Zwang, daran teilzunehmen. So kann es manchmal geschehen, dass sich die gesamte Gruppe nur zum gemeinsamen Abendessen trifft. Die einzige wirkliche Verpflichtung besteht darin, die ganze Zeit über zu schweigen, bestimmten äußeren Absprachen nachzukommen und Küche und Haus in Ordnung zu halten. In äußeren oder inneren Notlagen kann jedoch selbst das Schweigen unterbrochen werden, um mit uns ein klärendes Gespräch zu führen. In der Regel dauert die Schweigephase zwölf Tage, und die Gruppe trifft sich danach zu einem ersten Gesprächskreis, der oft tief berührend ist.

In den Schweigetreffen in Poci ist es unser Grundanliegen, in einem unkonventionellen Rahmen und mit möglichst viel Freiraum mit Menschen unterschiedlicher Herkunft in das Unbekannte einzutauchen, ohne dabei den Kontakt zum praktischen Alltag zu verlieren.

Zu den Aufzeichnungen aus dem Schweigen

Alles bisher Gesagte wird in den folgenden Aufzeichnungen deutlicher und lebendiger werden und Sie als Leser wie selbstverständlich in den Raum des Schweigens und der Selbstentdeckung mit hineinnehmen. Die Texte entstammen meinen Tagebuchnotizen und kurzen Reflexionen und Abhandlungen, die ich zu bestimmten Themen und Fragen während meiner Schweigezeiten aufgeschrieben habe. Dazwischen sind immer wieder Gedichte eingestreut, die mir im Schreiben zufielen und das Erlebte in anderer Weise ausdrücken. Dabei kam das Schreiben fast immer aus dem Augenblick, zum Beispiel nach einer Meditation, während eines Spaziergangs oder während ich am Bach saß. Später habe ich die Texte überarbeitet und geordnet.

Bei der Anordnung der Texte und Gedichte spielten verschiedene Gesichtspunkte eine Rolle. Zum einen soll sie den natürlichen Ablauf der unterschiedlichen Bewusstseinsprozesse widerspiegeln und verdeutlichen. Denn auch im Schweigen springt unsere Aufmerksamkeit ständig zwischen Sinneswahrnehmungen und Gedankeninhalten hin und her. Weiterhin wollte ich durch die enge Verflechtung von Natur- und Stimmungsbildern mit gedanklichen Reflexionen und Einsichten sowie Gedichten ein Wirklichkeitsgewebe aufzeigen, wie es in uns auf oft verwunderliche Weise im Schweigen entsteht und zum Spiegel unserer selbst wird. Auf diese Weise möchte ich Sie auf unterschiedlichen Erlebnisebenen ansprechen und erreichen.

Beabsichtigte Wiederholungen, Paradoxien und das beständige Fragen: »Was sind unsere Wahrnehmung, unser Ich und unser Bewusstsein« sind Teil dieses Prozesses. Immer wieder neu werden Wahrnehmungs- und Denkmuster sowie Überzeugungen hinterfragt, in dem Versuch, die eigenen blinden Flecken, Fixierungen und Automatismen zu sehen und aufzulockern. All das ist ein beständig neues Umkreisen der Frage »Was ist Wirklichkeit«.

Meine Worte sind bedeutungslos.
Ich schreibe sie nicht.
Sie fallen wie Blüten dahin.
Wie Sternschnuppen
verglühen sie im Dunkel.

Obwohl alle Texte für sich und aus dem Augenblick entstanden sind, empfehle ich, das Buch in seiner vorliegenden Abfolge zu lesen, um in den natürlichen Fluss von Wahrnehmungen und Bewusstseinsprozessen zu kommen. Denn durch die Anordnung der Texte soll ein möglicher Selbsterforschungs- und -erfahrungsweg sichtbar werden, der aus dem Gewohnten und Bekannten immer tiefer in Fragwürdiges und Unbekanntes führt. Geglaubte Sicherheiten lösen sich langsam auf, und eine ganz neue Daseinsmöglichkeit wird spürbar.

Zu Beginn der Aufzeichnungen war es mir wichtig, die allgemeine Stimmung mit zu ihr gehörenden Beobachtungen und Gedanken aufleuchten zu lassen und ein Gefühl für das Schweigen und die darin geschehenden Prozesse zu vermitteln. Im weiteren Verlauf habe ich dann eine lose Zuordnung zu Themen vorgenommen. Einige Texte, vor allem im Kapitel »Gruppengeschehen«, entstammen konkreten Situationen mit unterschiedlichen Gruppen. Der Kontext sollte durch das bisher Gesagte für Sie leicht verständlich sein.

Im letzten Teil des Buches bin ich beim Schreiben eher einem konstanten Achtsamkeitsfokus gefolgt, denn es ging mir sehr intensiv darum, einer wesentlichen Frage kontinuierlich nachzuspüren: »Was ist die Beziehung zwischen unserem Ich und der Gegenwart, was ist der Zusammenhang zwischen unserer im Äußeren und im Inneren identifizierten Welt und der unmittelbaren Seinspräsenz?«

Während der gemeinsamen alltäglichen Geschehnisse, wie Küchentätigkeit, Essen oder Meditieren, und während meines Alleinseins am Bach und in der weiten Natur war diese Frage ständig bei mir, wie ein offenes Tor, zu dem mein Spüren, Schauen und Hören gerichtet war. Es war ein kontinuierliches Lauschen ohne Zwang oder Ziel, bereit für das, was kommt. Dabei wurde es immer wichtiger, auch den Wahrnehmungsprozess selbst im Detail zu beobachten und die Beziehung zwischen Wahrnehmung und Denken zu erforschen.

In natürlicher Weise verband sich dabei manches aus wissenschaftlichen Büchern Angelesenes und Erinnertes mit den aktuellen Einsichten zu einem neuen Verständnis. Später habe ich versucht, diese wissenschaftlichen Erkenntnisse zu überprüfen und im Text zu verdeutlichen. Es ist jedoch nicht meine Absicht, meine eigenen Einsichten über das Bewusstsein wissenschaftlich zu belegen oder sie auf dem Hintergrund der modernen Physik und der neueren Hirnforschungen darzustellen. Dazu gibt es ausreichend einschlägige Literatur, in der Sie nachlesen können. Es ging mir vielmehr darum zu zeigen, wie wir uns von naturwissenschaftlichen Erkenntnissen anregen lassen können, den dort angesprochenen Themenkreisen selbst in einer eigenen und direkten Weise – der so genannten »erste Person Perspektive« – nachzuspüren.

Dabei kann es nicht darum gehen, gültige Antworten zu finden, sondern darum, immer wieder in dem jeweiligen Geschehen direkt in die Fragen einzutauchen. Denn sie stellen sich in jedem Moment, und Sie können ihnen in jeder Lebenssituation nachgehen. Doch gibt es wohl kaum einen besseren Rahmen dafür als ein Schweigeretreat, um das zu praktizieren.

Friedlicher Geist
du hast dich gelassen.
Die Stille
klärt die Wolken auf.
Der Wind
trifft keinen Widerstand.
So zart, so fein
die Gegenwart.

Die Frage nach dem Zusammenhang zwischen unserem Ich und der allgegenwärtigen Präsenz fordert uns dazu auf, uns in unserer Ich-Welt zu öffnen und dem nachzuspüren, was außer ihr noch im Bewusstsein geschieht. Es bedeutet ganz konkret, dass wir uns achtsam der Gegenwart zuwenden. Dabei werden wir entdecken, dass der Umgang mit Schlüsselfragen unseres Lebens entscheidend von der Art und der Übung unserer Zuwendung zum Jetzt abhängt. Denn wenn es uns gelingt, in der Gegenwart einen Anker und einen Halt zu finden, verändert sich die Art und Weise, wie wir zum Beispiel mit existenzieller Verunsicherung und Gefühlen von Boden- und Sinnlosigkeit umgehen. Auch unser Drang, alles verstehen und kontrollieren zu wollen und genau zu wissen, was richtig und was falsch ist, mag dadurch in einem neuen Licht erscheinen. Insbesondere wird sich aber unser Verständnis von Liebe, Mitgefühl, Vergänglichkeit und Tod im Raum der Gegenwart verwandeln.

Ich wünsche mir deshalb, dass ich Ihnen die Frage nach unserer Beziehung zum Jetzt schon mit dieser Einführung nahe gebracht habe – dass sie beginnt, in Ihnen zu brennen und Sie aufhorchen und wach werden lässt, dem zu lauschen, was uns leben lässt, was unser Leben wirklich ist.

Du sitzt und lauschst.
Nichts zieht dich fort.
Das Treiben der Welt
verschwimmt zum Klang.
Du gibst dich hin
dem wechselnden Sang.

Von weit ein Frieden
wiegt den Geist.
Ein Hauch aus Ruhe
hüllt dich ein.
Das Wollen schmilzt
im steten Strom.

Nichts tun im Tun,
nichts sein im Sein.
Die Zeit vergeht,
wie sie begann.

Eine Einladung

Zum Schluss dieser Einführung möchte ich die Einladung vom Beginn wiederholen: Fragen wir uns jeder für sich, was uns wirklich wichtig ist im Leben und um was es uns im Innersten geht. Nehmen wir uns einige Tage, in denen wir frei von allen Verpflichtungen sind und ohne alle Ablenkungen allein mit uns selbst sein können. Gehen wir, wenn möglich, in der Natur an einen Ort, den wir lieben. Nehmen wir diese Tage als eine kreative Pause, eine Zeit der Besinnung ohne Stress und Stimulation.

Tun wir nichts Besonderes, sondern lauschen wir beständig in unsere Fragen, ohne vom Kopf her eine Antwort zu suchen. Öffnen wir uns unseren Sinnen und unserer Wahrnehmung und nehmen alles in uns auf, was sich im Äußeren und Inneren zeigt. Schauen wir unserem Gedanken- und Gefühlskino zu und fragen wir uns: »Was ist die Beziehung zwischen diesem und der Gegenwart?«

Nach und nach werden wir bemerken, wie sich unser Dasein intensiviert und wir vielleicht von etwas berührt werden, das uns bisher unbekannt war. Unerwartete Antworten können auftauchen und neue Fragen sich formen. Manchmal wird es vielleicht auch ganz still, und wir bemerken, was alles geschieht, ohne dass es von uns initiiert oder gemacht wird. Wir befinden uns inmitten einer Vielzahl von Bewegungen und Erscheinungen, die alle gemeinsam geschehen und deren Quelle uns unbekannt ist. In diesem Moment berührt uns die Gegenwart und lässt uns ankommen.

AUFZEICHNUNGEN AUS DEM SCHWEIGEN

Einstimmung

Fast unerwartet kommt der Impuls, diese Aufzeichnungen zu beginnen. Ich lasse mich davon inspirieren und spüre den Wunsch, etwas von der Schwingung zu vermitteln, die im Schweigen wie von selbst das Bewusstsein erfüllt. Den Wunsch, so darüber zu schreiben, dass es uns Menschen wirklich erreicht. Dass es uns dort abholt, wo wir sind, und mitnimmt in diesen Raum des einfach Seins.

Schweigen ist eine Zeit für Wesentliches. Es ist eine Zeit, in der das Wesentlichste uns ganz natürlich berührt und aufnimmt. Dieses Aufgenommen-Werden ist so wohltuend, weil es sich anfühlt wie Nach-Hause-Kommen. Dabei merken wir, wie lange wir in der Ferne und der Fremde umhergeirrt sind. Plötzlich wird uns bewusst, dass wir eingemauert in unserem eigenen Gefängnis leben, das aus unseren Rollen, unserer Ich-Welt und unseren Überzeugungen besteht. Dass wir vergessen haben, wie es sich anfühlt, einfach nur da zu sein. Ohne Pflicht, ohne Funktion, ohne irgendetwas tun zu müssen, ohne jemand sein zu müssen, ohne etwas anderes haben zu wollen. Nur da sein mit dem, was ist.

Von fern und lange hör ich den Wind
und das Grollen des Donners.
Heute die Schwüle des heißesten Tages.
Das Gehirn wie ein Gefäß,
das den Wind empfängt.

Danach die Stille im Raum.
Sie breitet sich aus und trägt.
Alles wird still in ihr.
Die Gedanken verstummen.
Zu mühsam
ihr Weg in die Form.
Irgendwo Regen.
Seine Frische,
sie duftet hier.

Beobachtungen

Vielleicht gelingt es, einfach aus dem Moment heraus zu schreiben, sodass Geschehen und Schreiben zusammenfließen. – Aber wie über das Schweigen sprechen, ein Schweigen, das uns zum Verstummen bringt?

Ich liege in der Hängematte, und wenn ich nach oben schaue, sehe ich Schichten von Blättern und Zweigen und dazwischen den Himmel und das Licht. Ohne Brille ist alles zunehmend unscharf. Zwei Bewegungen überlagern sich: die langsamen der Zweige und die tanzenden der Blätter. Beim weichen Blick in die Ferne erscheint dadurch alles zu flackern. Es ist anstrengend, dabei Sätze zu formulieren und zu schreiben. So schließe ich immer wieder die Augen und lasse den Kopf zurücksinken. Es fühlt sich dann so an, als wehe der Wind sanft durch das Gehirn. Er leert es aus und füllt es gleichzeitig mit der wohligen Leichtigkeit des Unbeschriebenen.

Am Nachmittag der Weg durch den Bach – direkt unter der alten Mühle, in der wir schweigen. In diesem Teil ist das Wasser ganz still, breit und tief. Es steht fast und fließt doch immer weiter. Darüber der hohe Dom der Bäume. Ich liebe dieses Bachstück. Auch in der heißesten Hitze kühlt es und schenkt Frieden. Jetzt strahlt es im Zauber des späten Nachmittags, wo sich das Licht im Wasser spiegelt, gemeinsam mit den golden wirkenden Blättern und dem Moos auf den Felsen. Am Ende dieser Wegstrecke bachaufwärts wölbt sich von links ein großer Felsen aus dem bewaldeten Hang über ein Wasserbecken. Immer ist es tiefer, als ich denke – aber dann springe ich doch hinein. Es ist so frisch, als sei es gerade der Quelle entsprungen.

Ich frage mich erneut, warum es mir so wichtig ist, über das Schweigen zu schreiben. Es kommt wohl aus meiner großen Betroffenheit über den Zustand unserer menschlichen Welt. Das viele Leiden, die Härte, die Gewalt und die Abgestumpftheit. Überall ist es zu spüren und macht uns das Leben oft schwer. Wie können wir empfindsamer werden? Wie die Augen öffnen? Wie etwas entdecken, das uns von uns selbst heilt?

Der Wunsch, vom Schweigen zu erzählen, ist wie ein Brennen in meinem Herzen, das zum Ausdruck drängt. Es ist wie ein Schatz, den ich über viele Jahre erforscht habe und immer wieder neu entdecke. Er fordert mich dazu auf, ihn anderen zu zeigen. Es drängt mich, darüber zu sprechen, wie es geschieht, dass wir unverhofft aufgenommen werden in einen Raum, der mit dem Wort »Paradies« beschrieben werden könnte – ein Paradies, das immer da ist.

In die Meditation am Nachmittag fallen einige Tropfen in die bleibende Schwüle. Es ist hell und gelassen im Kopf. Nur ab und zu ein sehnendes Warten, das den Körper als leichte Spannung durchzieht: »Ob der Regen vielleicht doch noch kommt?«

Sonne und Donner gemeinsam
und das Flügelschlagen des Vogels,
der sich badet im Bach.

Wachheit bin ich,
die schaut und lauscht.
Jeder Moment
eine neue Bewegung.
Alles von selbst.

Der Wind, der Donner,
das heiße Licht.
Leben erfüllt sich selbst
und steht nie still.

An Tagen der Langsamkeit wird alles noch stiller. Der Raum ist verdichtet und angefüllt mit Gegenwart. Sie ist unermesslich. Eine große, weite Kraft. In der Langsamkeit kommt diese Präsenz uns näher. Sie dehnt die Gedanken und lässt den Raum dazwischen spürbar werden. Die Weite atmet durch die Worte hindurch und lässt sie verblassen. Ihr Gewicht wird leichter, und ihre Bedeutung verschwimmt.

Identität

Gewicht und Bedeutung der Worte – das ist unsere Identität. Durch gedachte Worte und Beschreibungen entsteht im Bewusstsein das Bild von uns selbst, und wir glauben, dass wir dieses Bild sind. Wenn wir »ich« denken, wird im Gedächtnis automatisch und meist unbemerkt ein ganzes Archiv gemalter Selbstporträts aktiviert und gibt diesem »Ich« das bedeutende Gewicht eines offensichtlich von ihm gelebten und erlebten Lebens. Und bei den Gedanken »du«, »ihr« oder »sie« tauchen andere Menschen als Erinnerung auf und erscheinen als Wirklichkeit.

Dann treten das Bild von mir und das Bild von dir in der Vorstellung miteinander in Beziehung und gestalten zusammen eine Szene. Manchmal ist es eine Erinnerung oder eine Projektion in die Zukunft oder aber reine Phantasie. So erleben wir uns durch die Bilder, die sich in unserem Gehirn bewegen und durch die Gefühle, die sie im Körper auslösen. Wir erfahren denkend unser Leben als einen intensiven Film. Ein Film der Vergangenheit, der in der Gegenwart im Bewusstsein läuft.

Das Wasser ist jetzt am Morgen noch kalt. Der Fuß zuckt zurück. Die Sonne scheint in den Wald, der sich auf der anderen Seite des Baches steil nach oben zieht. »Ist auch der Wald ein Bild, welches das Gehirn aus dem zusammensetzt, was ist?« – Der Gedanke verstummt sofort. Zu intensiv ist die Wirklichkeit der Gegenwart.

Grundfragen

Dennoch hat sich die bedrängende Frage im Gehirn festgesetzt: »Wer und was bin ich eigentlich? Wie geschieht es, dass ich plötzlich im Bewusstsein erscheine? Film oder nicht Film – ich bin doch da?« Bei diesem Gedanken komme ich an einer großen Glyzinie vorbei, die an den alten Steinmauern des Hauses hochrankt. Sie ist voller neuer Blüten mitten im August. Kleiner und dunkler als im Frühjahr, in dem sie dieses Jahr erfroren. Große, schwarzviolett fluoreszierende Hummeln trinken an den Blüten, und auch die Schmetterlinge. Einer ist ganz klein, und erst aus der Nähe wird die pastellfarbene feine Musterung seiner Flügel sichtbar. Ich denke, er fragt sich sicher nicht, ob seine Schönheit gesehen wird oder ob es einen Sinn macht, so unscheinbar in der Welt herumzuflattern.

Nur wir fragen uns oft und legen dabei unsere Handlungen und Begegnungen auf die Waage. Häufig messen wir mehr oder weniger bewusst die Richtigkeit unseres Tuns und unseren Selbstwert und versuchen, uns Berechtigung und Sinnhaftigkeit unseres Lebens zu bestätigen. Die Beschäftigung mit unserem Selbstbild und unserem Erscheinungsbild in der Welt ist dadurch eine Hauptbeschäftigung unseres Ichs. Aber wie genau geschieht es, dass ich mich in der unteilbaren Gegenwart als gesondertes Ich erlebe und dabei das sichere Gefühl und die feste Überzeugung habe, mich – getrennt von allem – eigenständig durch die Welt zu bewegen?

Wahrnehmen und Denken

In Slow-motion dauert der Weg zum Meditationsplatz eine halbe Stunde, sonst knapp fünf Minuten. In der Langsamkeit des Gehens verdichtet sich das Dasein. Selbst das trockene Gestrüpp atmet Präsenz, und das Grün des Wacholders strahlt aus in den Raum, der ihn umgibt. Zwischendurch Gedanken über dieses oder jenes, die sich manchmal zur Wirklichkeit eines inneren Films, einer gedachten Geschichte verfestigen. Erst wenn die Präsenz wieder bewusst wird, wird deutlich, wie abwesend ich war und wie viel Energie es braucht, um in der Wachheit des Gewahrseins zu bleiben. Gedankenfilme verbrauchen Energie und lassen uns im Dunst und Traum imaginärer Welten versinken.

Dasselbe beim Sitzen in der Meditation: Die Stille kommt in Wellen und badet das Gehirn. Der Wind ist in ihr, die Töne der Vögel und der Schrei des Rehbocks. Der Atem, die Schmerzen und die Ameise auf der Haut. Doch sie stören die Stille nicht, die tiefer und weiter ist als alles. Nur die Gedanken – wenn sie kontinuierlich eine Wirklichkeit formen –, sie übertönen und übermalen die Stille. Sofort verändert sich der »Geschmack« des Bewusstseins. Er wird bestimmt vom Inhalt des jeweils Gedachten. Spannung und Anstrengung sind im Gehirn. Sie lösen sich erst, wenn die Gedanken in der Stille versinken. Fragloses Dasein – bis zum nächsten Bild.

Nach der Meditation: das Tauchbad im Becken. Die Frische dabei: Kühle in der Hitze. Es riecht nach Regen. Ob er wohl heute kommt? Alles sehnt sich, alles ruft ihn. Im Moment nur einige Tropfen. – Doch dann ist er gekommen. Auf dem überdachten Sitzplatz atmen wir gemeinsam auf. Die drückende Schwüle verwandelt sich in ein erfrischendes Bad. Alles trinkt.

Im rollenden Donner
gemeinsam
zuschauen,
wie das Gras wächst.

Was uns Menschen beschäftigt

Wer sind wir Menschen, die wir so eingemauert sind in uns selbst? Es gibt Bibliotheken voller Bücher, die sich mit dieser Frage beschäftigen. Aber fragen wir sie uns wirklich selbst? Nehmen wir uns je die Zeit, in uns selbst herauszufinden: »Wer bin ich?« – Wir sind so überzeugt davon, zu wissen, wer wir sind, und vor allem so überzeugt davon, dass wir das sind, was wir wissen, dass uns die Frage selten wirklich berührt oder erschüttert.

Selbstbezogenheit

Dennoch beschäftigen wir uns natürlich dauernd mit uns selbst – mit dem, was wir zu sein glauben, und mit dem, was wir für unsere Welt halten. Die Beschäftigung damit macht unser Leben aus. So fragen wir uns zum Beispiel fast täglich, oder sogar mehrmals am Tag, wie wir aussehen und was andere über uns denken: ob wir gemocht werden, ob wir dumm wirken, wie attraktiv wir sind, ob wir zu dick sind, cool genug sind, ob wir einen Fehler gemacht haben, ob wir nicht stolzer sein sollten, warum dies oder jenes zu uns gesagt wurde, warum sie oder er uns so angeschaut hat.

Wir fragen uns, ob wir in der richtigen Partnerschaft sind, oder warum wir in keiner festen Beziehung leben, ob wir vielleicht die Arbeit wechseln sollten oder doch noch eine andere Berufsausbildung machen könnten. Wir fragen uns, warum wir so oft versagen, oder warum es andere besser und leichter haben. Was könnten wir verändern, oder wie könnten wir uns mehr anstrengen, um besser, erfolgreicher und anerkannter zu werden?

Oder wir machen Therapie, Self-awareness-Schulung, Kommunikationstraining oder Coaching und beschäftigen uns so mit uns selbst: Wie oder warum bin ich geworden, wer ich bin? Wie sieht mein Familien- oder mein Arbeitssystem aus? Wo liegen meine Stärken und Schwächen? Wie kann ich selbstbewusster und sicherer werden? Wie war meine Geburt? Wie waren meine früheren Leben und was sagt mein Horoskop?

Und natürlich beschäftigen wir uns mit unseren Gefühlen, beispielsweise mit unseren Ängsten. Immer und immer wieder gehen wir sie durch und stellen uns die Situationen vor, vor denen wir Angst haben, versuchen sie zu verstehen, nehmen uns vor, sie nicht mehr zu haben – und haben sie dann doch wieder. Oder unsere Aggressionen, die wir für berechtigt halten oder für unberechtigt. Die wir in den Griff bekommen oder ausleben wollen. In denen wir selbstgerecht baden oder die uns martern.

Der See der Stille spiegelt alles.
Alles ist flackerndes Licht.

Dann unser Stolz oder unser Gefühl, verletzt worden, ungerecht behandelt worden zu sein, oder unser Konkurrenzgefühl, unser Ehrgeiz oder die Wichtigkeit, Recht zu haben, die Wichtigkeit, wichtig zu sein, und natürlich die Macht, die Lust an der Macht: andere abhängig zu machen, andere zu manipulieren, zu unterdrücken und zu kontrollieren; die Macht zu haben, zu bestimmen und zu entscheiden, was stimmt.

Dann gibt es all unsere Sehnsüchte, unsere Träume, unser Selbstmitleid, unsere innere Unruhe, unsere Zweifel. – Und die Lust und die

Gier: die Lust am Essen, die Lust am Sex, die Gier nach Essen und nach Sex und nach Geld. Dafür tun wir fast alles. Sie treiben uns um, tagein und tagaus. Mehr, schneller, öfter, größer, intensiver – einfach alles mehr, so oft wie möglich, immer! – Und dazu unser Sadismus, unser Masochismus, unsere Tendenzen zu Perversem.

Natürlich beschäftigen wir uns auch ständig mit unserer Umgebung und unserer Gesellschaft. Sie fordern unsere ganze Aufmerksamkeit. Da sind die Arbeit mit all ihren Herausforderungen, die Arbeitskollegen, die Routine und der Stress. Da sind die Familie, die Sorgen um die Kinder, die Ansprüche der Eltern und der Streit mit den Geschwistern. Weihnachten und all die Geburtstage, und die Enkel, und die Krankheiten und äußeren Probleme, und die Freunde und die gesellschaftlichen Verpflichtungen, und die Ferien und das Wochenende, und der Wunsch, es endlich mal wieder schön zu haben, auszugehen und da- oder dorthin zu fahren und den oder jene mal wieder zu besuchen.

Ja, und die Hobbys: Karten spielen, Golf spielen, Fußball schauen, eine Radtour machen, Ausstellungen besuchen, den Garten richten, das Klavierspiel üben und das Lesen. So viel Interessantes gibt es zu lesen, und die Musik und die Disco und die Drogen und, und, und …

Und natürlich das Fernsehen: Nachrichten sehen, die Formel eins, die Familienserie, das Quiz und wieder Nachrichten. Dieser Film oder jener und der DVD-Spieler, und natürlich das Internet. Noch eine E-Mail und noch eine, noch eine Information, noch eine Kommunikation, noch eine Chat-Group, und dann noch endlich das neue Spiel und dazwischen einige SMS.

Allein schon diese wenigen Aufzählungen über uns selbst und unser Tun erschöpfen uns. Wie erschöpft müssen wir dann erst sein in all dem konkreten Tun unseres Alltags! Und wie wenig Zeit gibt es dafür, uns zu fragen: »Was ist wirklich ›wirklich‹ in unserem Leben?«

Und dann noch all dieses: die Politik, die Wirtschaft, die Nation, die Kultur, die Globalisierung, der Terrorismus, die Armut, die Umwelt,

die Bevölkerungsdichte, die Biotechnologie, die Aufrüstung im Weltraum, die Manipulation der Medien, die Arbeitslosen, die Rentenversicherung, und der Lärm, der Verkehr, die Hektik von früh bis spät. Da wundert man sich dann doch, warum sich nicht mehr Menschen fragen, was los ist mit der Menschheit. Wohin rennen wir? Was treibt uns um? Was soll dieser unaufhörliche Stress?

Doch vielleicht fragen wir es uns ja manchmal und machen dennoch weiter. Weiter und weiter. Irgendwann stirbt jemand. Dann gibt es das Begräbnis und die Trauer und den Streit um die Erbschaft. Doch bald vergessen wir es, und die Jahre vergehen, bis der Tod auch zu uns kommt, trotz aller Errungenschaften der Medizin.

Ist das das Leben? Was ist das Leben?

Ausgestorben scheint die Welt.
Mittagshitze.
Da ertönt ein Flugzeug.
Die Rosen an der Wand
schauen mich an.

Vielleicht aber geht es uns auch ganz gut: schöne Kindheit, glückliche Familie, gute Partnerschaft, erfüllender Beruf, schöne Ferien und viel Raum, Gutes zu tun. Wir sind zufrieden und tun unser Bestes, dass auch andere zufrieden werden. Mit uns in Frieden, brauchen wir nichts weiter zu fragen.

Oder aber wir sind immer unzufrieden und hinterfragen alles. Immer stimmt etwas nicht, immer stört etwas, immer tut uns jemand Unrecht, immer machen wir etwas falsch. So quälen wir uns durchs Leben zwischen Wut und Verzweiflung und tiefer, bitterer Resignation.

Oder wir leben einfach dahin, und der Tag vergeht wie im Traum. Alles ist cool, alles ist easy, und wir machen einfach nicht mit bei all dem Stress. Hier ein Job und da ein Job, und immer mal wieder die weite Welt und ein Joint, der uns letztlich am Leben hält. Und unser Traum, der Traum von uns selbst.

Und auch das sind wir: der Fleißige und der Faule, die Schöne und die Hässliche, die Laute und der Leise, der Überflieger und der Underdog, der Brutale und die Bescheidene, der Dumme und die Gescheite.

Und nicht zuletzt ist da die Religion: Sie verspricht Halt und das Wissen um die letzten Dinge und was gut und was böse ist. Vor allem das. Sünder sind wir und Büßer und Erlöste. Wir zittern und hoffen und beten, um zu bestehen. Und mit unserem Wissen bekehren wir den Rest der Welt.

Wir sind alle »Ich«

Doch wie auch immer wir sind, arm oder reich, glücklich oder unglücklich, Mann oder Frau, eines ist uns allen gemeinsam: Wir sind davon überzeugt, dass wir die- oder derjenige sind, die wir als »ich« kennen. Wenn uns jemand fragt: »Wer bist du?«, dann werden wir uns so beschreiben, wie wir überzeugt sind, zu sein. Wir werden über unsere Kindheit reden, unseren Hintergrund, unsere Familie, unsere Biographie, unsere Ausbildung und Arbeit, unsere Partnerschaft und unsere Kinder, unsere Freundschaften und Beziehungen, unsere Gesundheit und körperlichen Beschwerden, unsere Stärken und Schwächen, Unsicherheiten und Erfolge, über unsere Abenteuer und Reisen, unsere Überzeugungen, Hoffnungen und Befürchtungen, unsere Muster und Vorlieben, unsere vielfältigen Gefühle, unser Sexualleben, unser Essensverhalten, unsere Süchte und vieles mehr. Jeder von uns wird so antworten, und zwar je nach traditionellem und kulturellem Hintergrund in dieser oder jener Weise.

Aber alle sind wir ausnahmslos davon überzeugt, dass wir über uns selbst reden und dem anderen unser eigenes Leben erzählen. Diese Überzeugung ist unser ganzer Halt, unsere Basis. Gleichzeitig ist sie vielleicht das Fundament unseres Gefängnisses, des Gefängnisses der gesamten menschlichen und gesellschaftlichen Welt. Da wir uns darin alle so einig sind, bedarf es einer sehr starken Erfahrung, eines tiefen Einschnitts, eines jähen Innehaltens, um bereit zu werden, diese Überzeugung grundlegend anzuschauen und zu überprüfen. Wahrscheinlich müssen sich eine tiefe Erschütterung oder eine unhinterfragbare, ganz neue Einsicht ereignen, um unser Glaubenssystem ins Wanken zu bringen.

Wirklichkeitswelten

Zwei silbergraue Schmetterlinge treffen sich auf einer Blüte. Sie trinken gemeinsam, bis einer von ihnen zu einer anderen Blume flattert. Auch da sind sie vereint in der Stille.

Zwei Seinsweisen

Wie schon in der Einführung angedeutet, leben wir fast ständig in zwei unterschiedlichen Wirklichkeitswelten, die anscheinend kaum etwas miteinander zu tun haben: der Welt des Ichs, mit ihren gesellschaftlichen und kulturellen Bezügen, und der Welt der unmittelbaren, lebendigen Seinsgegenwart. Deshalb sind wir auch in zwei ganz unterschiedlichen Weisen da: als biographische, egozentrische Identität und als ein lebendiges, mit dem Sein vereintes Wesen. Die erste Welt besteht aus Denken und dem Denken entspringendem Fühlen und Handeln. Die zweite besteht aus Präsenz. Die erste Welt ist bekannt und hat Vergangenheit, die zweite ist immer neu und letztlich unwissbar.

Eine ideale Möglichkeit, die Wirklichkeiten dieser zwei Welten zu erfahren und zu erforschen, eröffnet sich, wenn wir in der beschriebenen Weise eine Zeit lang in einer natürlichen und sicheren Umgebung mit anderen Menschen schweigend zusammenleben. Alle Fragen über uns selbst können dabei auftauchen, in den anderen gespiegelt werden und wieder in der Unmittelbarkeit versinken. Unsere Identitäten tanzen im Sein.

Krusten bilden sich über dem Wesen,
die Masken der Persönlichkeit.
Krusten und Schalen,
die Dressur der Welt.

Ohne Worte einander erleben

Wenn wir aufhören, mit anderen zu sprechen, hört vieles Gewohnte auf. Schon das verändert in erstaunlichem Maße unsere Wirklichkeit. Der Kontakt zu anderen entsteht nicht mehr über Worte, und deshalb werden wir füreinander in einer neuen Weise sichtbar. Wir sehen uns nicht mehr über die Geschichten, die wir uns erzählen: unsere Erlebnisse und Reisen, unser Liebesleben, unseren Beruf, unsere Sorgen und Probleme, unsere Familien, unsere Überzeugungen und alles Sonstige, das wir uns normalerweise sagen. Schweigend können wir unsere gegenseitige Aufmerksamkeit nicht in immer neue Ich-Filme, Ich-Kämpfe und die dabei aufblitzenden Assoziationsschleifen und Gefühle rufen und dadurch gemeinsam ständig die Gegenwart verlassen. Diskussionen über Ansichten, Erörterung von Wissen und Informationen über neue Trends und Erkenntnisse sind nicht möglich. Ja, es kann sogar sein, dass wir überhaupt nichts voneinander wissen und einige Zeit zusammenleben, ohne je ein einziges Wort miteinander zu sprechen.

Wie erleben wir uns dann? – Als das, was sich unmittelbar und ganz direkt aus unserem jetzigen Dasein mitteilt. Wir begegnen uns Wesen zu Wesen, über unsere Mimik, unsere Augen, unsere Art, uns zu bewegen, unsere Art, zu essen und über unsere Ausstrahlung. Natürlich macht sich trotzdem jeder seine eigenen Geschichten über diese Begegnungen. Aber ganz offensichtlich laufen sie in einem selbst ab und erhalten nicht das Gewicht einer scheinbar durch einen Gesprächsaustausch objektivierten Wirklichkeit. Das heißt, die Geschichten schweben als sichtbare Eigenproduktionen im Unmittelbaren der Begegnung und trennen uns weniger.

Auch hat es eine erstaunliche Wirkung, wenn wir uns nicht dauernd den anderen gegenüber erklären, verteidigen oder bestätigen. Wir können und müssen einfach so sein, wie wir sind. Wir können uns nicht hinter unseren Worten verstecken und werden deshalb sichtbarer. Meist führt dies nach einer Phase der Verunsicherung zu mehr Akzeptanz und zum Sehen des Ureigensten im anderen, seiner Unbeholfenheit, seiner Verletzlichkeit und Schönheit. Auf geheimnisvolle Weise werden so alle Menschen liebenswerter.

Es gibt keine Worte,
die Gegenwart zu beschreiben.

Innere Denkabläufe

Was denken wir Menschen, während wir miteinander schweigen? – Alles, was man überhaupt denken kann. Wir denken an die jeweils kleinen Aktivitäten, die wir den Tag über tun wollen. Und während wir sie tun, begleiten wir sie mit inneren Kommentaren. Auch uns selbst beschreiben wir in diesem Tun, meist verbunden mit Bewertungen. Dazwischen reden wir im Inneren zu den oder über die anderen Menschen, die mit uns schweigen. Auch hier laufen fortwährend Beurteilungen ab, die oft Gefühle wie Belustigung, Ärger oder Kummer auslösen.

Viel denken wir auch über Aktuelles in unserem Leben nach: Probleme oder Konflikte, die wir haben, werden vom Denken beschrieben und die zugehörigen Gefühle gefühlt. Im Kopf gehen wir immer wieder mögliche Lösungen durch. Wenn wir eine gefunden haben, kommen oft Gegenargumente, und wir stellen die Lösung wieder in Frage. Der Kreis beginnt von Neuem.

Oft tauchen gedanklich wesentliche Menschen in unserem Leben auf, und wir sprechen innerlich mit ihnen, fühlen Nähe oder Liebe zu ihnen oder Verletzungen und Wut. Manchmal gehen uns auch die unsinnigsten Gedanken und Bilder durch den Kopf. Wie aus dem Nichts tauchen sie sprunghaft auf, drehen ein paar Runden wie ein Kreisel und machen den nächsten Platz. Dabei bemerken wir den Beginn einer Gedankenfolge oft gar nicht und befinden uns plötzlich in einem Dickicht von Gefühlen und Bildern über irgendetwas – wie in einem ganz intensiven Film, während wir in der Hängematte am Bach liegen.

So beschreiben wir uns immer wieder selbst mit anderen Farben und aus unterschiedlichen Perspektiven. Das Denken spricht mit sich selbst und zu mir über mich. Dies ist uns so selbstverständlich und gewohnt, dass wir es lange nicht in Frage stellen. Vielleicht kommt uns sogar nie die Idee, zu sehen, dass wir uns durch das Denken dauernd selbst erschaffen.

Während sich all das in unserem Kopf abspielt, sind wir irgendwo, ohne zu sprechen, im gegenwärtigen Geschehen der Natur mit ihren Klängen und Bewegungen. Wir sind mit unserem Körper, der atmet und empfindet. Wir sind auf der Erde, die uns trägt. Über uns der Himmel, der uns mit seiner Weite umgibt. Der Gegensatz zwischen dem Frieden und der Harmonie der Gegenwart und der Automatik, Konflikthaftigkeit und Verstricktheit unseres Denkens wird uns allmählich durch das Schweigen immer intensiver bewusst.

Doch können wir uns auch in Denkwelten aufhalten, die sich gar nicht unfriedlich anfühlen, sondern voller Kreativität, Begeisterung und Schönheit sind. Neue Ideen sprudeln, und tief berührende Einsichten tauchen auf. Voll innerem Tatendrang bauen wir an Zukunftsprojekten, haben tiefe philosophische Einsichten oder schreiben Gedichte über die Gegenwart. Oder wir lesen voller Faszination, was andere gedacht haben, und lassen uns davon inspirieren. All das macht uns glücklich, da zu sein und zu leben.

Dann wieder kommen Tage der Dumpfheit, an denen wir gar nichts mit uns anfangen können und zu nichts Lust haben. Wir stellen alles in Frage, und alles erscheint sinnlos. Auch an diesen Tagen beschreiben wir uns und unsere Stimmungen laufend selbst. Bei genauem Hinschauen wird sogar deutlich, dass unsere erlebte Befindlichkeit aus diesen Beschreibungen besteht.

Wenn wir die Wirklichkeiten der Seinsgegenwart und der Denkinhalte über Tage ohne Sprechen, aber mit viel Denken beobachten, taucht fast unausweichlich die Frage auf, wie oder was ihre Beziehung zueinander ist: Auf der einen Seite tragen wir ständig unseren erdachten und gefühlten Ich-Palast durch die Welt, der aus Geschichten, Vergangenheit und Zukunft besteht und uns oft daran hindert, zu sehen und zu spüren, wo wir sind. Das Denken denkt »ich«, und wie auf Knopfdruck sind wir mit unserer Welt und unserer Selbstwichtigkeit im Bewusstsein. – Auf der anderen Seite der unmittelbare Raum des Daseins, der keine Vergangenheit hat und voller Frische und Unberührtheit als Leben atmet. Ein Raum, in dem unsere Ich-Geschichte irrelevant ist und »ich« das Dasein selbst ist. Was lässt das Gehirn ständig vom Frieden dieses Einen in den Unfrieden des Anderen gehen? Dies ist eine Grundfrage, die sich im Schweigen eröffnet. Vielleicht ist es die Grundfrage unseres Lebens.

Wie Kinder

Manchmal sind wir wieder Kinder, die strahlen und staunen. Als seien wir heimgekehrt in einen Urzustand, in dem wir noch nichts wissen und nur schauen. Ich selbst kann mir auch nicht erklären, warum es mich mit Seligkeit erfüllt, lange Zeit auf einem Felsen zu sitzen und einfach nur dem Wasser zu lauschen, bis der Klang das gesamte Bewusstsein erfüllt. Auf einmal sind alle Probleme und Konflikte verschwunden – im Wasser und im Klang.

Und manchmal ist eine erstaunliche Freude in mir, ohne Grund und ohne spezifischen Inhalt. Heiterkeit füllt das Bewusstsein, leicht, hell und voll innerem Lachen. Das Wort Glück fällt mir ein. In diesem Zustand ist alles schön. Selbst das Schmerzliche hat seinen Platz, ohne das Herz zu verschließen. Es ist, als könnte diese Freude alles in sich aufnehmen, so wie es ist. Sie ist unerschütterlich.

Jemand sein müssen

Sicherlich gehört es zum Anstrengendsten in unserem Leben, dass wir jemand sein müssen. Dass wir glauben, jemand sein zu müssen, weil wir es so gelernt haben. Es ist wie eine Form, die wir nach und nach annehmen und als die wir dann erscheinen. Ohne dass wir es merken, kostet es auch in unproblematischen Situationen viel Energie, diese Form aufrechtzuerhalten. Wenn es schwierig wird zwischen uns Menschen, wenn es um Recht haben und Durchsetzen geht, dann müssen wir in der Form hart werden wie Zement, um in der Welt zu bestehen. Dabei wird deutlich, wie die Form unseres Ichs sich materialisiert und sich über Mimik, Gestik und Haltung körperlich ausdrückt und in ihnen erstarrt.

Deshalb ist es eine Wohltat, einmal niemand sein zu müssen. Es entlastet, und vieles fällt ab. Keine Pflichten oder Aufgaben und nichts zu erklären. An dem Wohlgefühl der Entspannung merkt man erst, wie anstrengend es vorher war. Wenn das Denken dann für ein paar Momente verstummt, verschmelzen Wahrnehmungen und Empfindungen in einem Raum des alles umfassenden Geschehens. Nichts ist mehr fest. Alles kommt gemeinsam aus tiefer Stille und versinkt in ihr. Eine brodelnd kreative Bewegung im unendlichen Raum.

Konstruierte Wirklichkeit

Öfters taucht der etwas erschreckende Gedanke auf: Vielleicht ist auch alles, was wir wahrnehmen und erleben, eine konstruierte Wirklichkeit, die nur scheinbar fest und konstant und kontinuierlich ist. Wir wissen ja nicht, was »dort draußen« ist und über die Sinne und Nervenbahnen in das Gehirn fließt. Denn erst in ihm entsteht durch komplizierte neurobiologische Prozesse das Bild unserer bekannten Welt, wobei wir annehmen, sie als etwas zu erkennen, das unabhängig von uns ist. Doch das Ganze ist ein Gemisch vielzähliger und nicht bewusster Geschehnisse, die dann plötzlich zu der bewussten Überzeugung führen: Das bin ich und das ist die Welt.

Ist es da nicht viel ehrlicher zu sagen: Eigentlich weiß ich überhaupt nichts sicher. Ich weiß nicht, was ist innen und was ist außen. Ich weiß nicht, ob es mich und die anderen wirklich gibt. Gibt es überhaupt diesen Körper, oder ist auch er eine Erscheinung, die jeden Moment neu im Bewusstsein aufblitzt? Ich weiß es nicht.

Allerdings scheint eines sicher: Irgendetwas gibt es, was es auch sei. Muss es nicht etwas geben, um ein Bewusstsein seiner selbst zu haben? Mögen auch die Formen imaginative Fiktionen oder fließende

Wellen aus Nichts sein: Dahinter, da drinnen, durch sie hindurch ist ein »Ist«, ein einziges, großes »Ist« – so urgewaltig, dass es alles sprengt.

Einlassen
ist Loslassen.
Wenn alles losgelassen ist,
bin ich da.

Im natürlichen Atem ist das anwesende Sein als Empfindungsfluss unmittelbar spürbar.

Wolken aus Bildern,
Wolken aus Worten,
Wolken aus
geglaubter Wichtigkeit
lösen sich auf.
Der Raum,
der Raum.
Alles ist Raum.

Gedanken kommen und gehen

Es ist belustigend, sich vorzustellen, was alles in unseren Köpfen abläuft, während wir gemeinsam still am Bach meditieren. Jeder inmitten seiner eigenen Wirklichkeitsblase mit dem Kommen und Gehen von Gedanken, Bildern und Gefühlen. Wie viel Ernst und wie viel blinden Glauben wir da investieren und verschwenden! – Und dann blasen der Wind und der Bach und die plötzliche Stille alles davon.

Dort hinten,
hinter der Sonne,
hinter der Glut,
die uns umgibt,
verborgenes Dunkel,
das alles verschluckt. –
Ein Ort der Kraft.

Wahrnehmen ist Handeln

Schaukeln im Hängesitz. Bei der Bewegung nach vorne kommt Schatten, bei der Bewegung nach hinten die Hitze der Sonne. Ablenkung durch Gedankenfetzen, dann wieder Lauschen. In der Ferne ein Flugzeug – und der Bach, noch stiller. Nichts als Schauen.

»Perception is action« – Wahrnehmung ist Handlung, sagt Krishnamurti so häufig, und es stimmt. So als trage das Lauschen einen fort, mitten hinein in den Wind, der jetzt bläst. Dann sind Wahrnehmung und Geschehen ohne trennenden Kommentar miteinander vereint. Der Wind und ich, wir sind eins. Die Aktivität des Lebens ist sich ihrer selbst bewusst.

Auf einmal ein Schmetterlingsschwarm, orangerot mit schwarzen Tupfen. Sie trinken gierig an den fiedrigen Blättern und schaukeln dabei auf den Pflanzen. Hingegeben sind sie ans Trinken, bis der Wind sie vertreibt.

Selbstwert

Unser Selbstwertgefühl scheint für das Verständnis des Ichs von zentraler Bedeutung zu sein. Ohne positiven oder negativen Selbstwert wäre das Ich unbewertet und deshalb ohne Gewicht. Unser ständiges uns selbst Beschreiben und Bewerten würde spielerisch und sinnfrei. Kommentarlos fiele es uns leicht, zu schweigen.

Zum Beispiel kommt mir der Gedanke, dass jemand das, was ich gerade schreibe, anerkennend kommentiert. Seine möglichen Bemerkungen werden als ausgeformte Sätze in mir hörbar. Ich spüre, wie mein Selbstwertgefühl aufgeladen wird und wie gut sich das anfühlt – bis die ganze Szene auf einmal als Phantasiegebilde im Gehirn sichtbar wird. Da muss ich lachen, und sie löst sich auf im Klang der Grillen.

Das Ich scheint, sobald es sich als etwas Getrenntes empfindet, zwanghaft darum bemüht zu sein, sich wertvoll, wertgeschätzt und zugehörig zu fühlen. Dabei entsteht das Zugehörigkeitsgefühl häufig durch Abgrenzung und Polarisierung: *meine* Familie, *mein* Sportverein, *mein* Vaterland, *meine* Religion. Wie in einem Reflex reagiert dann das gesamte mentale und physische System unwillkürlich auf jede geglaubte

Verletzung oder auf jedes Lob, die das Selbstbild oder die eigenen Identifizierungen betreffen. Die Balance gerät aus dem Gleichgewicht und fühlt sich im Fall einer Herabsetzung gefährdet. Das Selbsterhaltungsstreben des Systems wird spontan geweckt und reagiert mit Angriff, Verteidigung oder Selbstzweifeln. Im Extremfall ist es wie ein Überlebensreflex, der auf Stabilisierung drängt.

Immer geht es darum, sich richtig, zugehörig und in Harmonie mit der vertrauten Umgebung zu fühlen. Das gibt Sicherheit und kommt wahrscheinlich der Wirklichkeit des Einsseins am nächsten. Nur basiert es vermutlich auf einer Fiktion und ist deshalb so leicht aus dem Gleichgewicht zu bringen. Wir können als Ich unseres Wertes nie ganz sicher sein und müssen uns deshalb dauernd neu behaupten. Welch ungeheure Anstrengungen wir unternehmen, um Wertschätzung zu erreichen und zu bekommen! Doch schon der nächste Augenblick kann alles wieder in Frage stellen und uns total verunsichern.

Daher ist es wichtig, diesen Prozess deutlicher wahrzunehmen und zu erkennen, wie Selbstbeschreibung, Identifizierung, Selbstwert, Körperempfinden und Befindlichkeit zusammenhängen.

Die Zeit vergeht

Schweigezeiten vergehen wie im Flug. Im Schauen, Spüren und Achtsamsein rinnen die Tage dahin, und schon ist eine Woche verflossen. Und doch wird ein ganz anderer Rhythmus spürbar: langsamer, natürlicher und gelassener. Die Verbindung mit dem Körper wird stärker, und er zeigt deutlicher, was ihm gut tut. Zeitdruck fühlt sich an wie etwas Unnatürliches. Ohne Druck und Drang funktioniert auch das Gehirn besser. Es fühlt sich klar und friedvoll und gleichzeitig enorm kreativ. Oft kommen wie aus dem Nichts tiefe Einsichten, die Grundzusammenhänge plötzlich klar werden lassen und einfache Lösungen für zuvor schwierig erscheinende Probleme aufzeigen.

Abendmeditation

Zur Abendmeditation spielt meine Frau manchmal zwei indische Tamburas, die ein Klanggewebe von fast überirdischer Harmonie und sanfter Fülle erzeugen. Kreisende Wellen aus Tönen, die in ihrem Kommen und Gehen einen schwebenden Teppich formen. Er trägt uns und wiegt uns und erinnert uns. Es ist der Klang des Kosmos, der unser Wesen zum Schwingen bringt. Ganz innen erkennen wir ihn als das Lied unserer Heimat.

Ganzheitliches Bewusstsein

Das Bewusstsein ist viel ganzheitlicher und integrierender als der jeweils erkannte und begriffene Wahrnehmungsinhalt. Nur ein Teil aus der Gesamtwahrnehmung wird identifiziert und abstrahiert und dadurch zum bewussten Ich-Erleben. Der größte Teil des wahrnehmbaren Geschehens ist ohne Beschreibung und deshalb ohne einen Beobachter im Bewusstsein.

Zum Beispiel werden die in Gold- und Regenbogenfarben glitzernden Wassertropfen auf den Grashalmen als Beschreibung hervorgehoben, und das Denken formuliert einen Satz über ihre Schönheit. Gleichzeitig sind das gesamte Grün mit all den Blumen, die Steinplatten und das Gebäude, die hier und dort sitzenden Menschen, der bewaldete

Hang über dem Bach, die Geräusche der Insekten, das gesamte unendliche Raumgefühl und vieles mehr unmittelbar und ohne Beschreibung bewusst in der Wahrnehmung da. Aus diesem riesigen direkten Bewusstsein können sich jederzeit Inhalte im formulierenden Bewusstsein bilden. Auch scheint es so zu sein, dass beide Arten der Wahrnehmung in einer uns nicht bewussten Form als Erinnerung gespeichert werden.

Im leichten Flug
die Libelle.
Schon ist sie verschwunden.

Formerschaffung

Ich höre nicht auf, über das Wachsen in der Natur zu staunen. Es berührt mich zutiefst. – Soeben betrachte ich wieder den frei schwebenden und im leichten Wind tanzenden Zweig der Kletterrose. Ich beobachte ihn seit Wochen, weil er an der Ecke des Hauses besonders auffällt. Ständig sich verlängernd und neu windend, entsteht die Form aus dem Nichts im Raum. Es ist genau die Form, die stimmt, mit all den größeren und kleineren Blättern und – seit ein paar Tagen – den langsam sich bildenden Knospen am Ende. Alles entspricht einer inneren Ordnung, die nur dem Wesen der Rose zu eigen ist. Selbst die unterschiedlichen Schattierungen im Grün spiegeln sie wider.

Welch unglaubliche Intelligenz und Schöpfungskraft drückt sich in dieser Ordnung aus! Sie bringt aus dem Ungeformten und Nicht-Sichtbaren mit Hilfe der Elemente Wasser, Erde, Luft und Licht dieses

Zaubergebilde im Raum hervor. Unbegreiflich und wunderbar! Das Leben gestaltet sich selbst und verwandelt sich ständig zwischen sichtbar und unsichtbar.

In der Meditation zeigt sich deutlich, wie das Denken nur ganz oberflächlich auf dem Bewusstsein tanzt – wie das Kräuseln des Wassers auf einem weiten, tiefen See. Auch wenn sie noch so wichtig erscheinen, sind die Formen des Kräuselns beliebig. Immer ist es Wasser und immer See. Die Blindheit des Ichs liegt darin, dass es nicht spürt oder sieht, dass es genau wie alles andere auch aus Wasser besteht, dem Wasser des Lebens.

Die Welt materialisiert sich jeden Augenblick neu.
Am Grunde tut sich nichts.

Ich-Befangenheit und Sein

Wenn das Bewusstsein der Gegenwart den Körper erfüllt, entsteht ein Empfinden von Frieden, von heller Wachheit und häufig von Glück. Es gibt nichts zu tun und nichts zu erreichen. Alles ist da und alles, was in die Empfindung kommt, ist von sublimer Schönheit. Alles geschieht zusammen, in sich selbst vollkommen und vollendet. Das Lied der Nachtigall kommt und geht.

In solchen Momenten erschreckt und erschüttert es zutiefst, an bestimmte Aspekte unserer Welt und unseres menschlichen Miteinanders zu denken: die Welt der Politik, die Welt der Wirtschaft, die Welt jedes Einzelnen. Es erscheint unbegreiflich, wozu wir fähig sind und was wir uns aus Egoismus, Machtgier und ideologischer Intoleranz gegenseitig antun. So viel Ungerechtigkeit, so viel brutalste Unterdrückung und Terror, so viel Manipulation, Korruption und Rücksichtslosigkeit! Unfassbar, wie unempfindsam, blind und eingemauert in Selbstgerechtigkeit wir Menschen sein können!

Es scheint fast so, dass man in unserer Gesellschaft nur Erfolg und Macht haben kann, wenn die ideologischen Überzeugungen und das egozentrische Wertesystem so unverrückbar sind, dass sie eine Berührung und Erschütterung durch die unmittelbare Gegenwart abblocken und verhindern. Wenn das stimmt, dann wären unsere Führer, Machthaber und Meinungsmacher in besonderem Maße abgeschnitten vom Lebendigen selbst und dadurch fähig, den größten Ungerechtigkeiten und Grausamkeiten gegenüber blind und unberührbar zu bleiben – mit immer heftigeren, gesellschaftlichen Konsequenzen.

Aber wenn wir ehrlich sind, kann jeder von uns diese Tendenzen auch in sich selbst entdecken. Vor wie vielem verschließen wir die Augen, wie vieles wollen wir gar nicht wissen, wie oft übersehen und verletzen wir andere aus Eigeninteresse! Da scheint die Frage unausweichlich: Wie sind diese zwei Wirklichkeiten zusammenzubringen? Wie geht der Weg von diesem in jenes, der Weg aus der Ich-Befangenheit in das Sein?

Nach der Abendmeditation
der volle Mond
in einem See aus Licht.
Er beleuchtet
farbige Wolken
und die Spitzen
der Bäume.

Wahrnehmungen

Handeln ohne Ich

In der Wahrnehmung gestaltet sich immer beides zusammen – das Einzelne in seinen Details und das Gesamte im Zusammenhang. Es ist nicht wirklich in Vordergrund und Hintergrund getrennt, sondern vermischt sich völlig miteinander. Die bewusste Achtsamkeit scheint zwar von Teil zu Teil zu wandern, zum Beispiel von der zirpenden Grille zum Klang des Wassers, und dann zu einem Gedankeninhalt. Doch bei genauer Beobachtung wird deutlich, dass fokussierte und unfokussierte Eindrücke sich vermischend und interagierend gemeinsam im Bewusstsein fließen.

Wahrnehmung braucht also kein benennendes Erkennen, um bewusst zu sein oder im Gedächtnis Spuren zu hinterlassen. Das heißt, die kommentierte Wahrnehmung ist nur ein Bruchteil der Gesamtwahrnehmung. Handeln ohne Denken wäre sonst gar nicht möglich, wie wir es ständig etwa beim Gehen, Essen oder Autofahren tun. Da es in der denkfreien Wahrnehmung kein beobachtendes oder kommentierendes Ich gibt, zeigt dies, dass für stimmiges Handeln kein Ich-Bewusstsein notwendig ist. Handlung geschieht im stimmigen Einklang mit den verschiedenen Elementen der jeweiligen Situation. Das durch Denken projizierte Ich läuft wie ein Film parallel dazu. Es kann zwar Beginn und Ziel von Handlungen beeinflussen und auch deren Ablauf, wenn es darauf achtet. Doch selbst dann wird das, was ganz genau geschieht, von der Natur des Gegebenen bestimmt.

Schwebezustand,
zwischen allem,
in allem.
Aus dem Nichts
auf einmal du.
Wo treffen sich die Blicke?
Ein Funken,
ein Strahl.
Dann wieder jeder in seinem.

Im Zwischenraum sein,
dort, wo sie glänzt,
die Dunkelheit.

Denken und Stille

Auch in der Meditation existiert dieses Zusammen von Speziellem und Gesamtem. Der unergründliche Raum der fraglosen und sprachlosen Stille ist da und wirkt, auch wenn die Aufmerksamkeit nicht mit ihm verbunden ist. Gleichzeitig treibt das Denken sein teils luftiges, teils gewichtiges Spiel. Die Stille ist immer da, das Denken nur meistens.

Der gedachte Gegensatz von Denken und Stille ist eine trügerische Sackgasse. Vor allem dann, wenn das Denken versucht, sich selbst zum Stillstand zu bringen. Es will aufhören, damit es, und mit ihm das Ich, in die Stille kommen. Das ist wohl eine blinde Illusion, denn Denken findet

im Jetzt statt, dem unendlichen Raum des Jetzt, in der Lebendigkeit des Seins selbst.

Deshalb kann es nicht darum gehen, wie wir beim Meditieren oft irrtümlich glauben, das Denken anzuhalten oder loswerden zu wollen, um das Jetzt zu spüren. Es geht vielmehr darum, das Denken im Jetzt und die Anwesenheit des Jetzt im Denken zu erfahren. Durch alle Denkinhalte hindurch ist dann die Lebendigkeit zu spüren. Das Jetzt atmet in jedem Wort.

Das Denken steht also nicht im Gegensatz zu Nicht-Denken. Sprache und Stille sind kein Widerspruch. Alles ist vom Jetzt gehalten und dadurch immer zu Hause. Im Zwischenraum, in der Unschärfe der Achtsamkeit, wo Denken, Wahrnehmen und Empfinden zusammen sind, wird der Schein dieses Gegensatzes und damit von Dualität überhaupt deutlich. Alles schwimmt.

Die ganze Zeit liegt unser Hund neben mir. Sein Atem geht unregelmäßig. Mal ist er völlig entspannt, dann plötzlich unruhig und wie aufhorchend. Ihm scheint es gleich zu sein.

Der Weg nach innen,
in den Raum ohne Form.
Außen der Sturm,
das Toben der Zeit.
Doch hier
nur noch Lauschen.
Die Pforte
zur Unendlichkeit.

Noch Atem,
noch Töne,
bis alles verstummt
in der Stille
der Stille.
Offene Weite,
kein Wort.

Unser Wesen

Im Schweigen spüren wir uns selbst immer mehr in unserem Wesen, in dem, was wir wirklich sind: lebendige Anwesenheit. Wir spüren, *dass* wir da sind, und viel weniger, als *was* wir da sind. Hinter der bekannten Identität, hinter dem bekannten Ich mit seiner Geschichte, seinem Selbstbild und seinen konditionierten Tendenzen wird immer mehr das eigentliche Selbst spürbar. Es ist das, was unhinterfragt da ist, im unmittelbaren Kontakt zum Lebendigen. Es ist ganz natürlich verbunden mit allen anderen Anwesenden: dem Wasser, dem Grün der Natur, dem Singen der Vögel, den Menschen und dem großen, weiten Raum, der in allem ist und alles enthält. Es ist eine Liebesverbindung, in der alles zueinander spricht und in der gegenseitigen Schönheit badet. Alles ist vereint im Licht.

Während die Tage vergehen, trauen wir uns langsam, uns auch gegenseitig als Anwesenheit wahrzunehmen und uns in unserer jeweiligen Wesenheit zu begegnen. Auf einmal verschwindet die Person mit ihrer

Geschichte. Wir begegnen uns im Einen und erkennen uns im Einen. Und wir spüren und wissen, dass wir einander erkannt haben. In dieser Vereinigung gehen die Eigenarten jedes Einzelnen nicht verloren, sondern bilden gemeinsam das Ganze. Dabei wird sichtbar, wie sich bestimmte Muster und Verhaltens-Stereotypen in den Körper eingeschrieben haben und wie er in ihnen gefangen ist – auch, wie anstrengend und teilweise qualvoll das für den Körper ist. Doch die Daseins-Schönheit leuchtet auch in diesem Festgehaltenen. Es wird dadurch weicher und empfindsamer. Durch unsere vielen Beschränkungen hindurch schauen wir gegenseitig in die Unendlichkeit.

Doch oft überkommen uns großer Schmerz und Mitgefühl, wenn wir unser Gefangensein und unsere Enge sehen. Ein angelerntes Lächeln oder krampfhafter Ernst sind wie eingemeißelt in das Gesicht und halten es fest wie Scharniere. Gebeugt ist der Rücken, und gehend tragen wir eine schwere Last, die uns dauernd drückt. Oder wir schauen uns ständig ängstlich um, als könnte man nur schlecht über uns denken, oder als wäre es bedrohlich, gesehen zu werden. Auch unsere Gier beim Essen, als könnten wir niemals satt werden. Oder unser Stolz, der uns wie eine Rüstung in Form hält und vor lauter Imponiergehabe fast den Atem nimmt.

Unser Eingesperrtsein berührt unser Herz. Doch es erleichtert, zu sehen, wie künstlich und unnötig dies eigentlich ist. Wir schauen uns zu, staunend, schmerzvoll und lächelnd. Wir schütteln den Kopf und lachen: »Da sitzen wir im Paradies und fühlen uns, als seien wir in der Hölle!« Dieses Lachen ist ein wundersamer Moment des Erwachens.

Auf den Stämmen der Ulmen am Bachbecken ziehen Bänder aus Schatten und Licht. Wie ein Feuer, das von ganz innen kommt und nicht verbrennt: regnendes Licht.

Konditionierung

Es ist wichtig, sich immer wieder klar zu machen: Meine Interpretation der Wirklichkeit ist nicht die Wirklichkeit selbst. Gerade im Schweigen wird deutlich, dass die eigene Konditionierung mit ihren familiären Verhaltens- und Wertemustern und auch der kulturelle Hintergrund bestimmen, wie das wahrgenommene Verhalten anderer Menschen eingeordnet wird. Dies läuft völlig automatisch ab und ist verbunden mit der Annahme, dass die anderen es genauso erleben wie man selbst. Doch immer wieder die Überraschung, dass dies überhaupt nicht so ist! Wir sind alle konditioniert, doch jeder unterschiedlich. Beispielsweise verdeutlichen die ständigen Bemühungen, alles recht machen zu wollen und die innere Empörung, wenn die anderen es gar nicht recht zu machen scheinen, wie automatisch unsere Reaktionsprogramme laufen.

Das Denken kommentiert

Das Denken kommentiert die Gegenwart und erzeugt dabei mich in der Gegenwart. Es denkt mich als denjenigen, der die Gegenwart erlebt und empfindet. Dadurch entfernt sich die Gegenwart von mir und wird scheinbar fassbar. Das Wesen der Gegenwart, ihre Unbegreiflichkeit, wird verschleiert. Ich gehe mit ihr um und meine, mich in ihr zu bewegen. Da das Denken alles misst und definiert, entschwindet die Unermesslichkeit. Das Flüssige wird durch Begriffe fest, das Durchsichtige verwandelt sich zu Wänden. – Natürlich nur scheinbar, denn das Denken kann das Durchsichtige in Wahrheit nie berühren.

Woher nimmt es dann immer wieder die hypnotische Kraft, seine erdachten Welten als die Wirklichkeit erscheinen zu lassen? Sicherlich ist dies eine Fähigkeit, die in seiner Natur liegt. Es ist nicht die Schuld des

Denkens, sondern die der Unachtsamkeit. Das Denken wird nicht als Denken gesehen, und deshalb erscheinen seine Kreationen als lebendiges Geschehen. Der Wechsel der Wirklichkeit wird nicht bemerkt: der Übergang vom Seienden zum Beschriebenen. Es bedarf wohl eines sehr hohen Grades an Aufmerksamkeit und Achtsamkeit, um diesen qualitativen Unterschied im Bewusstsein zu spüren.

Ganz oben am höchsten Ast der hohen Bäume flattern die Blätter wie Gebetsfahnen im Wind. Sie wirken fröhlich, als wären sie trunken von Licht. Beim Frühstück auf der kleinen Mauer krabbelt eine hellbraune Raupe über die Steinplatten am Boden. Sie hat tausend feinste Haare, die in der Morgensonne glänzen, und ihre Bewegung ist wie ein fließendes Fließ. Noch ein paar Tage wird sie leben, und schon bald ist sie ein Falter.

Lichtspiegelung

Das durch die hohen Bäume ins Wasser fallende Licht wird an seiner Oberfläche reflektiert und beleuchtet die Blätter der Büsche am Bachrand von unten. Die winzigen Wellenkreise, die die Wasserläufer mit ihren ruckartigen Bewegungen erzeugen, versetzen das gespiegelte Licht in Vibration. Dies zeigt sich als ganz feines Flackern auf den Blättern. Ich beobachte dieses Lichtspiel. Es ist nur auf den kleinen Ahornblättern zu sehen, die von oben nicht beleuchtet sind. Während sie im Wind zittern, laufen die Lichtwellen über ihre Unterseite und von dort reflektiert in mein Auge. Wenn der Blick unscharf wird und das Denken verstummt, ist dieses Flackern im Bewusstsein. Alles verschwimmt.

Veränderte Stille

Heute ist wie eine Leere im Kopf. Das Denken ist zu müde zum Denken. Es gibt nichts zu denken. Alles schwebt undefiniert im Gewahrsein. Nichts hält sich fest, und die Sonne glüht.

Jetzt weiß ich, warum die Stille heute so anders ist, so fremd. Die Grillen geben keinen Laut. Es ist unglaublich. Wochenlang haben sie der Stille einen Rhythmus geschenkt und jetzt sind sie im ganzen Tal verstummt. Es ist fast so, als fehlte der Stille ein Stück Stille.

Vergilbt ist das Gelb
der gefallenen Blätter,
die selbst bald zerfallen
zu Staub.

Nach dem Abendessen türmen sich riesige Haufenwolken im Osten, die von der schon hinter dem Hügel verschwundenen Sonne goldrosa beleuchtet werden. Darüber Türme aus Weiß, die steigen und steigen. Als es dunkel ist, singen die Zikaden.

Gruppengeschehen

Ankommen

Neue Menschen sind hier. Das Haus, mit seinen schlichten toskanischen Räumen und seiner behütenden Atmosphäre, hat jeden in seinem Zimmer mit frischen Blumen empfangen. Aber das Ankommen braucht wie immer seine Zeit.

Seit einem Tag schweigen wir wieder. Jede Gruppe ist ein eigenes Wesen, das sich bildet und seine besondere Dynamik und Balance findet. Wie ein Blumenstrauß, in dem jede einzelne Blume besonders und einmalig ist und alle zusammen auch. Im Schweigen vertragen sich praktisch alle Menschen, auch die unterschiedlichsten, auch die, die sich sonst mit Worten leicht verhaken. Wenn wir uns nicht mehr auf Ansichten einigen müssen, schwingen wir natürlich zusammen.

In dieser Gruppe ist gleich von Anfang an eine große Stille, als hätten die Menschen darauf gewartet, nicht mehr zu reden. Oder der Ort ist inzwischen so angefüllt mit Stille, dass es ansteckt.

Gehmeditation

Der Morgen ist ganz neu. Bei der Gehmeditation auf der Wiese glitzern überall noch Regentropfen. Es ist, als grüße der Frühling aus der Ferne durch das vorher so trockene Gras mit blauen und weißen Blumen, die es wie schwebend überragen. Zu Beginn im Kreis stehend, scheint es, als sähen wir uns zum ersten Mal, und doch ist die Gruppe ein organisches Ganzes zwischen Gräsern und Blumen. Das Gehen ist langsam, und die Bewegung fließt weich dahin. Wenn das ganze Gewicht auf einem Fuß steht, wird die Vertikale als Kraft und Balance zwischen Himmel und Erde spürbar. Selbstvergessen fließt die Bewegung Schritt für Schritt. Noch ist es kühl, und die Wärme der aufsteigenden Sonne öffnet die Poren. Alles wacht auf.

Zusammensein

In der ganzen Gruppe ist viel Ruhe und Gelassenheit. Jeder wird mehr und mehr sichtbar. Es scheint, dass wir unglaublich viel Vertrauen brauchen, um uns einander zu zeigen. So als seien wir verschreckt oder erstarrt. Es ist uns ganz und gar ungewohnt, einfach so sein zu dürfen, wie wir sind. Obwohl doch nur das unsere Schönheit offenbart.

Sternschnuppenhimmel.
Wie Kinder
haben wir in der Küche gespielt.
Da lacht die Nacht.

Nach dem Abendessen kommt manchmal diese besondere Stille. Sie legt sich wie ein sanfter Segen über die Gruppe. Man kann ihn nicht rufen. Plötzlich und ganz leicht taucht alles in diesen Raum des gemeinsam aufgehoben Seins.

Verstörtheit

Nach einigen Tagen im Schweigen wird der Körper zunehmend sensibler. Die Feinwahrnehmung nimmt zu, und alles intensiviert sich. Aber während sich auf der einen Seite immer mehr Entspannung und Gelassenheit ausbreiten, wird das sensibilisierte Gehirn auch störanfälliger. Kleine Irritationen, die sonst unterschwellig bleiben, werden auf einmal spürbar und können sich fast unbemerkt aufschaukeln. Wo vorher Offenheit und Frieden war, sind plötzlich Verwirrtheit und Verstörtheit.

So kann zum Beispiel gut beobachtet werden, wie Ärger entsteht. Eine Information gelangt in das Gehirn, und blitzschnell formt sich ein holographischer Film, dessen Grundaussage darin besteht, dass mir etwas Unrechtes oder Lästiges oder Missachtendes angetan wurde. Das Selbstbild mit allen zugehörigen Empfindungen und Gefühlen fühlt sich, meist unbewusst, angegriffen. Dadurch wird eine weitere Welle von Denkinhalten, Gefühlen und Empfindungen ausgelöst, brodelt im Bewusstsein und besetzt den ganzen Raum: Rechtfertigungen, Anschuldigungen, Spannungen. Es ist wie ein Gift, das sich in einem Teich ausbreitet. Denkkreise durchwühlen den Teich und bringen ihn mehr und mehr in Wallung. Alles drängt auf Entladung in Handlung.

Da der entsprechende Ausbruch aber im Schweigen kaum möglich ist, bleibt nichts als Zuschauen. Es brodelt und brodelt, doch irgendwann lässt der Druck nach. Der Ärger verläuft sich und löst sich auf. Manchmal geht dies ganz schnell, und manchmal dauert es viele Stunden. Mit Verwunderung und nachträglicher Belustigung schauen wir dann zurück auf dieses Ereignis.

Aufgrund der sehr empfindsamen Kommunikation zwischen den schweigenden Menschen wird die Gruppe fast zu einem gemeinsam spürenden Organismus, in dem die einzelnen Wesen aufgehoben sind. Deshalb wird solch eine atmosphärische Störung mehr oder weniger bewusst von allen gespürt und kann sich ausbreiten. Mit einem Mal ist eine merkwürdige Stimmung am ganzen Platz, und eine Irritation fördert die nächste. Wahrscheinlich ist das in unserem Alltagsleben immer so, aber hier ist es deutlich zu beobachten.

Wenn die Dynamik klar wird, ist es einfach, sich daraus zu lösen. Das Gehirn lässt los, enthält sich aller Kommentierungen und verbindet sich wieder mit der Stille. Durch dieselbe osmotische Verbindung breitet sich die Stille dann langsam aus, und nach und nach verschwindet die Störung. Es sind Wellen, die durch die Gruppe und wahrscheinlich durch die ganze Welt ziehen.

Störungen und Verstimmungen werden dann zum Problem, wenn das Denken sich inhaltlich mit ihnen beschäftigt, sie deutet und kommentiert und versucht, sie über inhaltliche Lösungen zu begreifen und zu verändern. Dann wird der Bewusstseinsraum eng, und eine in sich selbst rotierende Denkbewegung kann ihn für Stunden besetzen. Bei manchen Menschen hält dieser Zwang sogar über Tage hinweg an. Es ist, als seien wir in einen Käfig aus Bedeutung und inhaltlich fixierter Wichtigkeit geraten, der alle direkten Gegenwartseindrücke so sehr abblockt, dass wir die Seinspräsenz nicht mehr spüren. Wir kreisen blind um uns selbst und sind nicht mehr da.

Das kann so weit gehen, dass wir in einen regelrechten Bedeutungswahn verfallen, der uns in Panik und Schrecken versetzt, weil wir keinen Ausweg mehr finden. Dieser Mechanismus liegt vermutlich paranoidem Erleben und Handeln zugrunde, das wir als Krankheit eingestuft haben. Aber so weit ist er von unserer Normalität gar nicht entfernt. Erst wenn uns wieder irgendetwas unmittelbar berührt – wie ein tiefer Atemzug, eine Blume, eine Reflexion des Lichts oder der Blick eines Menschen –, kann uns unser Wahn bewusst werden, und wir wachen erleichtert wieder auf.

Das Gewitter naht.
Wir sitzen still
und lauschen.

Welche Freude
bei den ersten Tropfen!
Fast ein Wunder,
die frische Kühle
unter dem Dach.

Gemeinsam essen,
während es regnet.
Die Zikaden sind still.

Lachen

Heute ist eine grundlose Froh-Gestimmtheit da. Sie begegnet allen mit Lächeln. Kein Gedanke kann sich selbst ernst nehmen, weil er von der Leichtigkeit dieses Lächelns umgeben ist, das ihn aufhebt. Alle staunen, einander so zu sehen.

Beim Abendessen fängt auf einmal ein junger Mann an zu lachen. Niemand weiß warum, aber es steckt an. Er kann es nicht halten. Immer wieder schüttelt es ihn vor Lachen. Nur durch Hinschauen stimmen immer mehr mit ein, bis für fast zehn Minuten Wellen des Lachens auf- und absteigend um den Tisch kreisen. Dann ist wieder Stille.

Lachen ist heilsam und gesund! Plötzlich zerbricht etwas Ernstes und fühlt sich zum Lachen komisch an. Eine Heiterkeit ist auf einmal da, die den ganzen Körper schüttelt. Etwas unreflektiert für stabil und eindeutig Gehaltenes zerplatzt unerwartet und wird als Illusion oder Absurdität sichtbar. Dieses Überraschungsmoment, etwas plötzlich ganz anders zu begreifen, löst spontan Lachen aus – und zwar oft schlagartig bei mehreren gleichzeitig. Auch was zuvor in unterschiedlichen Meinungen getrennt erschien, vereint sich auf einmal. Lachende Augen erkennen einander.

Slow-motion-Tag

Selbst der Gong tönt heute langsamer, während er in Slow-motion um das alte Steinhaus getragen wird und die Schweigenden zur Meditation ruft. Alle folgen dem Ruf, und alle langsam.

Schon am Morgen während der Gehmeditation wurde spürbar, wie tief das Schweigen heute sein würde. Die Wiese hatte noch die Frische und Unberührtheit des Frühlings mit ihren vielfarbigen Blumen und dem glitzernden Tau auf dem Gras. Alle gingen im Rhythmus ihres Atems, und die Vögel sangen ihr Lied dazu. Die Weichheit des Grases unter den nackten Füßen gab nach, und immer geschmeidiger wurde die Bewegung der Beine, bis der Gang fast schwebend wurde. Alle waren bei sich, und doch war das Zusammen stark spürbar.

Jetzt nach dem Gong bewegen wir uns wieder im langsam schwebenden Gang, der alles unwirklich und doch äußerst intensiv erscheinen lässt. Dieses gleitende Gehen durch die Welt verwandelt die Wirklichkeit. Etwas unfassbar Gegenwärtiges wird spürbar, das einfach da ist. Der Weg führt uns an den Meditationsplatz zum gemeinsamen Sitzen. Auch hier heute eine größere Tiefe, mehr Stille, mehr Achtsamkeit und friedliche Gelassenheit. Das Wollen verstummt in der weichen Berührung durch den Wind.

Später in der Küche Mittagszeit. Jeder versorgt sich selbst, und alles in Slow-motion. Eine junge Frau kommt mit Gemüse die Treppe empor, eine andere bringt den Käse und scheint alle Zeit der Welt zu haben. Einer sitzt nur und schaut, sitzt für mindestens eine Stunde. Was er wohl sieht? Die Milch kommt, die Milch geht. Leute kommen, Leute gehen. Teller werden gefüllt, geleert und getrocknet. Der Käse wird zum dritten Mal zum Kühlschrank getragen, und immer noch wird an der Spüle gespült. Alles ganz langsam, alles fast geräuschlos, alles fast absichtslos – wie Magie.

Zweieinhalb Stunden später wieder der Gong. Alle Sinne sind wach. Er klingt wie Musik. Beim Gehen der Blick rechts in den Wald. Auch dort ein Zauber, als würden die von Efeu umrankten Eichen und das noch grüne Gras erstmals erblickt. Beim Schreiten von der Sonne in den Schatten ein deutlicher Wechsel. Das Gehirn wird gebadet in Frische und öffnet sich allem.

Am Meditationsplatz ist der Gesang des Baches ganz nah, und ein fließendes Glitzern empfängt die Augen. Auch um ihn heute diese besondere Stille. Das Andere ist da. – In der Meditation dann nichts Auffälliges. Immer wieder dieses Einsinken in einfach da sein, wo es mich eigentlich gar nicht gibt, und dann wieder Geschichten und Filme über dieses und jenes, die durch das Bewusstsein ziehen, kommen und gehen.

Später wird das Gehirn schon etwas müde von so viel Achtsamkeit. Aber die Langsamkeit ist noch ganz natürlich und verbunden mit der geschehenden Natur. Ich setze mich irgendwo hin, und auf einmal ist nur noch Wahrnehmung da. Alles geschieht von selbst. Insekten, Menschen, ein Hund ziehen vorbei.

Alle sind jetzt in einer großen Stille und sitzen friedlich um den Essplatz, wo es bald Abendessen gibt. Die Sonne verschwindet langsam hinter dem Hügel. Das sanfte Leuchten des Abendrots, kein Wind. Eine

Frau sitzt mit geschlossenen Augen und lauscht. Auch die anderen wirken ganz versunken. Niemand hat etwas zu tun und niemand tut etwas. Mit dem Abendessen lässt die Langsamkeit nach. Augen und Hände sprechen miteinander. Lachen ertönt. Doch in der Abendmeditation verdichtet sich dann alles noch einmal. Die Atmosphäre der Dämmerung setzt ein, während die Vögel allmählich verstummen.

Wenn wir langsam in slow-motion aneinander vorbeigehen, was nehmen wir wahr? – Es ist die Anwesenheit, eine Verdichtung in der Gesamtpräsenz, die ausstrahlt. Es ist zu spüren, wie die aneinander vorbeigleitenden Wesen etwas deutlich zu Empfindendes aussenden und dadurch miteinander in Kommunikation, in einen Austausch kommen, ohne dass dies Denkinhalte zu erzeugen braucht.

Der Prozess, der zum Erkennen des anderen als eine bestimmte Person führt, läuft unabhängig davon nebenher, wobei er sicherlich Teile des Gesamtaustausches als Information benutzt. Aber das Erkennen ist für die Wirklichkeit der Begegnung in keiner Weise wichtig. Die Begegnung findet viel direkter und ganzheitlicher statt als der über komplexe Vorgänge ablaufende Erkennungsprozess. Während wir uns begegnen, verbinden wir uns ohne Zeitintervall unmittelbar. Zeitlos und namenlos sind wir zusammen.

Es war interessant, heute einige Zeit mit geschlossenen Augen in der Küche zu sitzen. Die Geräusche verselbständigten sich, weil sie nicht mehr mit einer identifizierbaren Person verbunden waren. Alle Zusatzgeschichten fielen ab, und es war wie ein Küchen-Orchester, das aus sich selbst heraus spielte.

Später, nach dem gemeinsamen Sitzen am Abend, schauten die meisten fasziniert und wie verzaubert auf den Vollmond, der gelborange leuchtend genau in der Senke zwischen den Hügeln stand. Etwas ganz Tiefes in uns wird berührt, als sei der Mond die Schwester unserer Seele.

Im Atem berühren

Es ist etwas Besonderes und sehr Intensives, während des Schweigens Atembehandlungen zu geben. Die Kostbarkeit und Zerbrechlichkeit und auch die vielen Verletzungen der Menschen kommen mir dabei so nahe, dass ich manchmal Schwierigkeiten habe, damit umzugehen. Da hilft mir der Atem enorm. Er ruft Ruhe und Weite ins Gehirn, und über die Hände fließen diese zum anderen.

In der Atembehandlung geschieht dann eine besonders innige Begegnung und Berührung. Der Behandelnde ist dabei voller Achtsamkeit und Lauschen und möglichst ohne ein persönliches Wollen. Der oder die Behandelte kann sich in diesem annehmenden Raum öffnen und zum eigenen Wesen finden. So treffen sich beide in beglückenden Momenten im Einen. Dadurch kann sich vieles Festgehaltene lösen und befreien. Das Vertrauen wächst, dass der Atemstrom uns trägt, nährt und verbindet.

Betende Hände.
Was soll ich tun?
Verwundet sind wir,
nur die Verkrustung schützt.
Doch darunter der Schmerz,
den wir gemeinsam
ineinander erzeugen.
So viel Wut,
so viel Angst,
so viel tiefe Traurigkeit.
Die Hände beten.
Sie beten zum Herzen,
dass es sich öffne
dem Licht.

Ein Atemerlebnis

Durch die Energie der behandelnden Hände und ihren Dialog mit dem Atemfluss verwandelt sich auf einmal das Körpergefühl in einen Empfindungsstrom ohne Grenzen. Daraus wird unvermittelt eine Einsicht bewusst: Das Universum in seiner Unendlichkeit hört nicht an der Haut auf, sondern durchflutet den ganzen Körper. Alle Knochen und Organe, alle Zellen und Zwischenräume sind inmitten der kosmischen Weite. Ganz und gar von ihr durchsetzt. Der Körper ist nicht nur im Universum, nein, er besteht aus Universum – genauso wie alles um ihn herum, vom Grashalm bis zum fernen Spiralnebel. Der kosmische Raum durchzieht ganz real, ganz materiell den Körperraum. Die Haut ist völlig porös und durchlässig.

Vor der Größe dieses Erlebens erschrickt selbst der Atem, als müsste er sich einen Moment zurückziehen von diesem Angeschlossensein.

Entlastung.
Der Körper trägt und lässt los.
Die Freude, zu atmen.
Die Weite zwischen dem Festen.
Der Raum, der mich hält.
Auch die Knochen atmen,
sie atmen das Licht.
Unerwartet, wie immer,
strömt sie ein,
die große Kraft. –
Alles ist möglich.

Verbundenheit

Heute beim gemeinsamen Gehen kam plötzlich ein starkes Empfinden von Verbundenheit mit allem auf, ein großer völliger Zusammenklang, der nichts im Bewusstsein und im Kosmos ausspart. Alles hat seinen Platz, alles gehört zusammen, alles wirkt aufeinander.

Später habe ich darüber nachgedacht, was diese Verbundenheit in unserer modernen, alltäglichen Welt für jeden deutlich zeigen kann. Ich war selbst überrascht, als mir dabei vor allem einfiel: Internet – »Ein Netzwerk dazwischen«. Schon der Name deutet auf unsere Verknüpfung hin. Genau betrachtet, ist es ein erstaunliches Phänomen, das einen großen Schritt in der menschlichen Bewusstseinsentwicklung bedeutet. Denn auf einmal wird klar, dass das gesamte menschliche Wissen ein Ganzes ist, und dass es allen Menschen in gleicher Weise zugänglich ist – solange sie Zugang zu einem Internet-Point haben und die staatliche Zensur nicht allzu sehr eingreift. Gleichzeitig ist es für jeden möglich, für den Rest der Menschheit in gewisser Weise sichtbar zu werden und sich in Internet-Foren, Chat-Groups oder Blogs miteinander auszutauschen. Unsere persönlichen Geschichten vermischen sich und kommunizieren miteinander. Die Einheit des menschlichen Bewusstseins, zumindest im Bereich des Wissens und des Verbalen, war noch nie so offensichtlich.

Das Wissen gehört niemandem persönlich, es ist das Wissen der Menschheit. Selbst wenn ich nur einen Teil davon aufnehme, entstammt er doch derselben Quelle. Zusammen mit dem Fernsehen, durch das sich die Menschheit gemeinsam emotional unterhält und informiert, trägt das Internet dazu bei, eine Kultur der Gesamtmenschheit zu entwickeln. Es erscheint so, als ob sich die Verbundenheit, die allem Lebendigen zu eigen ist, in einer neuen, einer technischen Form materialisiert und uns dadurch vielleicht bewusster wird.

Wenn Milliarden Menschen gleichzeitig einen Film sehen, wie zum Beispiel die Eröffnung der Olympischen Spiele, oder gemeinsam stundenlang im World Wide Web surfen, muss dies einen Zusammenklang im Bewusstsein erzeugen, dessen Auswirkungen wir noch nicht kennen. So entfremdet diese technischen Medien auch zu sein scheinen, vielleicht führen sie uns doch zusammen!

Meditatives Gespräch

Manchmal treffen wir uns nach vorheriger Absprache zu besinnlichen Gesprächen in der Gruppe. Eingebettet in das Schweigen, ist es ein Sprechen aus der Stille. In und zwischen den Worten ist alles spürbar, das anwesend ist. Die Klänge und Geräusche, das Haus, der Himmel und vor allem die Anwesenheit jedes Einzelnen, die in die Gruppe strahlt. Alles, was da ist, berührt direkt und verändert die Wirkung und das Gewicht der Worte. Es ist eine Art des Sprechens, die wir sonst nicht kennen. Ein lauschendes, achtsames Sprechen, in dem das Gesagte wie ein Gewebe mit allem im Raum schwebt, hörbar wird, Nachklang erzeugt und erst dann zu einer Reaktion oder Antwort führt. Manchmal ist auch die nächste Äußerung, die wie Tropfen in den gemeinsamen Achtsamkeitssee fällt, inhaltlich ohne Zusammenhang zum Vorherigen. Und doch verbindet sie sich harmonisch und selbstverständlich mit dem Gewesenen und dem Seienden.

»Richtig und Falsch« oder Diskussionen über Ansichten können bei solch einem Gespräch nicht entstehen. Alles hat Platz, kommt und geht wie der Wind oder die Nacht. Dadurch, dass jeder von innen her spricht, wird das Wertvollste sichtbar, das wir uns sonst über Worte fast nie zeigen. So wird nach dem Gespräch spürbar, dass Stille und Schweigen eigentlich nicht unterbrochen wurden, sondern sich nur vorübergehend eine weitere Schwingung dazugesellt hat. Eine Schwingung, die meistens das Herz öffnet.

Letzter Schweigetag

Heute ist der letzte Schweigetag mit dieser Gruppe. Etwas Wehmut liegt über dem Haus und mischt sich mit dem merkwürdig vorherbstlichen Geschmack in der diesigen Hitze. Es ist noch einmal ganz still geworden. Jeder ist bei sich selbst. Abschied, Einkehr – und jetzt gerade der Gong.

Bei der letzten Gehmeditation sind alle ganz gleichmäßig wie Perlen im großen Kreis verteilt. Als hätte jeder seinen Platz gefunden, während wir uns gemeinsam bewegen. Wie als Erinnerung an die Welt draußen, beginnt ein Nachbar mit der Motorsense sein Gras zu schneiden. Das Geräusch frisst sich ins Gehirn. Erstaunlicherweise bleibe ich gelassen. Als es für ein paar Minuten aufhört, überfällt uns die Stille wie selten zuvor.

Herbststürme später am Tag. Aufbruchstimmung. Schwere hängt in der Luft und auch im Herzen. Der Abschied naht. Der Fokus und damit die Dichte der Atmosphäre sind verändert. Es ist zu spüren, wie jeder mit Gedanken halb woanders ist. Der Alltag kommt nahe, die Diskrepanz zwischen dort und hier.

Erster Gesprächskreis

Der erste Gesprächskreis nach den vielen Schweigetagen ist dann etwas ganz Besonderes. Einer nach dem anderen sagt etwas und lässt dann eine Klangschale erklingen. In der ersten Runde werden vor allem ein tiefes inneres Berührtsein, Sprachlosigkeit und große Dankbarkeit spürbar. Fast alle sind wie stammelnde Kinder voller Unschuld, und viele Augen werden feucht. Es ist schön, wie in uns erwachsenen und vom Leben gezeichneten Menschen dieses unverletzte und staunende Wesen sichtbar wird.

Erste Worte zittern im Raum. Wie das Innere, das Unsagbare sagen? Die Worte sind einfach. Sie berühren. Und oft trägt der Wind sie ungehört hinfort. Doch Klang und Schwingung der Stimmen und der Menschen sind in ihrer Schönheit spürbar, wie die Blumen im Glaskrug, der in der Mitte steht. Warum Worte? – Sie machen uns als persönliche Wesen sichtbar, die in der einmaligen Weise ihres Sprechens Schöpfung spiegeln. So gesprochene Worte sind wie ein Schatz. Wenige Worte reichen. Einfach nur zuhören. Es gibt nichts zu erwidern.

Es drängt sich unwillkürlich die Frage auf, wie wir aus dieser natürlichen Harmonie in unsere Rechthabereien und gegenseitigen Verletzungen durch Worte kommen. Um das zu verstehen, ist es sicherlich notwendig, den Prozess der Identifizierung mit Worten, mit dem Gewicht und der Bedeutung von Worten noch besser zu durchschauen. Noch beharrlicher der Frage nachzugehen: Was ist Identität, was ist das Ich?

Worte sind wir füreinander.
Worte und Bilder aus Zeit.
Wenn wir uns anschauen,
verstehen wir nicht,
dass wir eins sind.

Die Basis des Ichs

Was ist die Basis des Ichs? Was sind seine Wurzeln, die es immer wieder nähren und wirklich erscheinen lassen? Diese Frage zieht sich wie ein roter Faden durch die Schweigetage, und ab und zu blitzt eine Einsicht auf, die sie erhellt.

Der Körper

Als Erstes kommt der Körper in den Sinn. Da er »mein« Körper ist, ist er ein selbstverständlicher Beweis für meine Existenz. Denn der Körper erscheint in der Wahrnehmung als etwas klar nur zu mir Gehörendes und Gesondertes, das durch mich gesteuert ist und nur von mir gefühlt wird. Trotzdem geschieht natürlich fast alles im Körper unbewusst und von selbst, ohne meinen Willensentscheid. Alle neurophysiologischen und biochemischen Mikroprozesse sind vom Willen unabhängig und können höchstens, wie etwa beim Bewegen, willentlich initiiert werden. Aber dann weiß der Körper, wie es geht – und nicht das Ich.

Auch ist der Körper in keinster Weise ein festes, abgegrenztes Gebilde in seiner Umgebung. Am eindeutigsten ist dies bei der Atmung: Ständig fließt die Luft, die vom Wind als ein Gemisch aus vielen Bestandteilen von überall hierhergeblasen wird, bei der Einatmung in die Lungen hinein und gibt dort viele dieser Bestandteile an das Blut ab, welches sie dann im ganzen Körper verteilt. Umgekehrt gehen Elemente, die vorher Teil des Körpers waren, mit der Ausatmung wieder hinaus in die Luft und in den Wind. Ähnliches geschieht über die Haut, und natürlich über Nahrungsaufnahme, Verdauung und Ausscheidung. Der sich in einem andauernden zellulären Auf- und Abbau befindliche Körper – 96 Prozent aller Atome werden jedes Jahr ausgetauscht – ist also in einem komplexen Fließgleichgewicht mit der Umgebung und damit in direkter materieller Verbindung mit der ganzen Welt. Wann also ist ein Körperbestandteil dann »meiner« und wann gehört er der Welt?

Dennoch ist die Identifizierung des Ichs mit dem Körper tief in uns eingeprägt. Seit der Geburt wurde uns beigebracht, dass dies unser Körper ist, und seither wird er vom Denken als solcher beschrieben. Überhaupt gibt es den Körper als gesondertes Gebilde hauptsächlich durch das Denken. Er erscheint zwar den Augen als eine einheitliche Form, die sich aber beim Schließen der Augen sofort in ein vielfältiges, fließendes Empfindungsgebilde verwandelt. Beim genauen Hinspüren gibt es dann keinen grundlegenden Unterschied mehr zwischen Körperempfindungen und sonstigen Wahrnehmungseindrücken, wie etwa einem Duft oder einem Windstoß. Im Bewusstsein vermischen sich all diese Eindrücke zu einem Gesamtspüren der augenblicklichen Gegenwart. Der Körper ist nicht als etwas Einheitliches in diesem Gemisch spürbar, sondern als unterschiedlichste Empfindungen, die erst das Denken wieder zu einem Körperbild vereinen kann.

Hierbei ist es interessant, zu beobachten, wie das Denken aus den unterschiedlichen Körpergefühlen die Befindlichkeit des Ichs definiert: »Mir geht es so, wie mein Körper sich fühlt.« – Dies ist eine sehr fragwürdige Überzeugung. Denn wie alles in der Natur befindet sich der Körper in fortwährendem Wandel: mal voller Vitalität, Wachheit und Bewegungsfreude, und manchmal eher müde, träge und unbeweglich. So entstehen aus natürlichen körperlichen Befindlichkeits-Schwankungen durch das interpretierende Denken leicht Probleme und Konflikte, die vom Ich als psychisches Leid erlebt werden können und sogar manchmal zu Antriebslosigkeit und Depression führen.

Die Verbindung zwischen Denken und Körpergefühl kann sich, wie wir alle wissen, aber auch umgekehrt zeigen, indem zunächst Gedankeninhalte da sind und diese dann bestimmte Körperempfindungen, wie etwa starke Lust oder völlige Panik auslösen können. Eigentlich führen alle intensiven Vorstellungen zu entsprechenden Körpergefühlen. Ein gutes Beispiel ist das Autogene Training, durch das im Körper allein über die Vorstellung fühlbar Wärme, Schwere und Entspannung erzeugt werden. Auch die so genannten psychosomatischen Krankheiten können diesen Zusammenhang vielfach belegen. Es lohnt sich, dieser engen Verbindung von Körper und Geist weiter nachzuspüren.

Heute nur eine kleine Wolke zum Abend. Wie eine Federzeichnung oder ein aufgelockerter Watteball. Darunter der Tanz der Schwalben, ganz hoch. Sechs Krähen krächzen in der Stille.

Woher diese Schleier über allem?
Wie ein Nebel,
der verhüllend enthüllt.
Ein Niemandsland.
Ein Immerfort.
Ein Ahnen
vom Beginn der Zeit.
Ein Samenkorn
in unserem Land.
Wie ist der Weg
von hier nach dort?

Früher in der Dämmerung mit meinem Großvater auf dem Hochsitz: Auch da schon ein Ahnen von dem Anderen. Keine Worte dafür, nur ein Sehnen in der Tiefe der Brust. Etwas Weites, das rief.

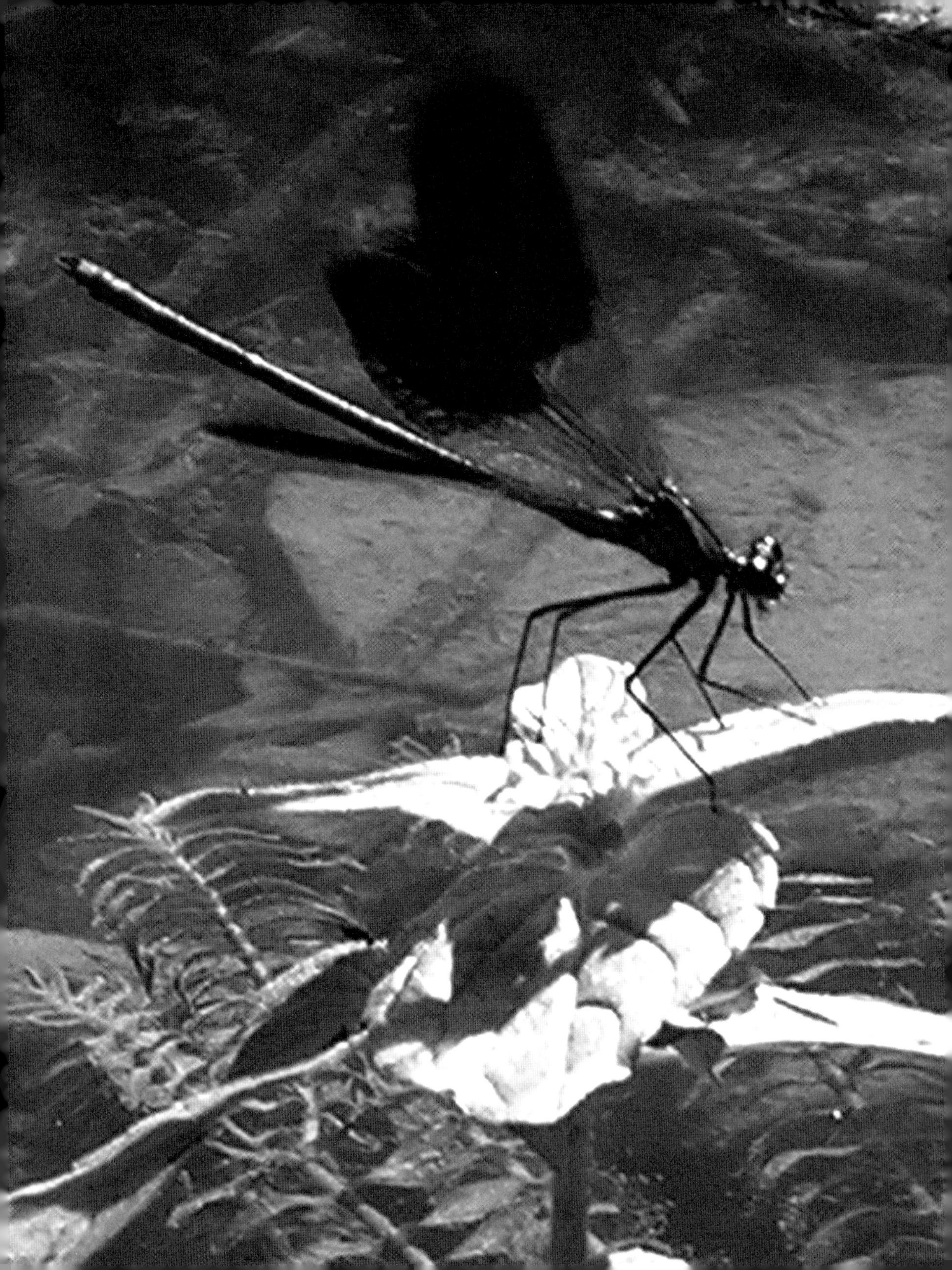

Wollen und Lauschen

Vom Wollen zum Lauschen geht der Weg des Schweigens, der Weg in das Sein. Irgendetwas wollen wir fast immer. Aber Wollen richtet aus und fixiert. Es ist eine Bewegung von hier nach dort. – Ganz anders das Lauschen. Es öffnet und weitet und ist eine Bewegung von überall her nach hier. Das Ich will, und deshalb muss es still werden, um zu lauschen. Dann kommt es in die Schwingung, aus der es entspringt.

Heute wieder
gleißendes Licht.
Eine Klarheit,
scharf und weich zugleich.
Als berste alles
aus der eigenen Form
in den Raum.

Wie aus dem Nichts,
brausender Sturm,
als gelte es,
letzte Schleier zu verjagen.

Doch gleich wieder Stille,
Vogelgesang.
Alles erfüllt
von geballter Kraft,
so intensiv dicht,
dass der Panzer bricht.

Das entblößte Herz,
badet in Licht.

Beziehungen

Unsere menschlichen Beziehungen sind eine weitere Basis unserer Identität, denn wir leben als Ich in einem Beziehungsgefüge: in den Beziehungen zu Eltern, Geschwistern, Partnern und Freunden, in den Beziehungen in der Arbeit und in der Gesellschaft. Je enger die Beziehung, desto mehr bestätigt sie mich als vertraute Wirklichkeit. In jedem »Du bist«, »Du sollst«, »Warum hast du?«, »Was meinst du?« werde ich als unhinterfragte Identität gesehen, angesprochen und mit der selbstverständlichen Erwartung konfrontiert, als diese Identität zu antworten und zu reagieren. Jede Ansprache sagt zu mir: »Das bist du. Du, den ich kenne, du, den du kennst.«

In unseren Kommunikationen rufen wir uns dadurch, meist unbewusst, ständig in unser Ich-Bild und in unser Beziehungs-Bild und fordern uns gegenseitig auf, diese Bilder mit Geschichten und Beschreibungen auszuschmücken. Dadurch nehmen wir einander oft gar nicht wahr und reden dann zu jemandem, der gar nicht da ist. Erst wenn »du« und »ich« fragwürdig und durchscheinend werden, kann sich die Beziehung ändern und das Unbekannte in ihr sichtbar machen.

Manchmal,
unwirkliches Licht.
Jeder begonnene Laut
verstummt.

Die Menschheit

Die Menschheit ist ein einziges Ganzes. Man könnte sagen, sie ist ein riesiges Geschöpf mit Milliarden von Blüten und Milliarden Gesichtern. Jedes Gesicht entwächst dem Ganzen, ist Ausdruck des Ganzen. Das Kind kommt von den Eltern, die Eltern von den Großeltern, die Großeltern von den Urgroßeltern: der Menschheitsbaum.

Alle Blüten sind einmalig und müssen genau so sein, wie sie sind. Ihre Anlagen und die lebendigen Wirkungen der Umwelt formen sie zu dem, was sie sind. Auch Gesellschaft und Kulturen sind Teil und gewachsener Ausdruck des gesamten Menschheitsgeschöpfs, wie verschiedene Äste desselben Baums. – Alle Menschen, alle Gesichter haben das gleiche Gehirn, das sich in der natürlichen Lebensbewegung allmählich wandelt. Kein Mensch und kein Gesicht ist abgesondert oder für sich selbständig. Alle handeln immer zusammen, auch wenn wir uns gegenseitig umbringen.

Die Vorstellung, dass ich mein Leben nur für mich lebe, ist absurd. Wir alle gemeinsam werden vom Leben gelebt, wir sind das Leben. So, wie wir uns egozentrisch denken, gibt es uns nicht.

Und die persönliche Verantwortung?

Wenn wir unseren Zusammenhang und unser Zusammenwirken sehen, handeln wir wahrscheinlich auf natürliche Weise stimmig. Wenn nicht, sind wir blind. Sind wir für unsere Blindheit verantwortlich?

Die Frage bleibt offen.

Ich und Zeit

Was ist die Zeit, die so schnell vergeht und doch manchmal stillzustehen scheint? – Auch die Zeit ist ein Pfeiler unserer Wirklichkeit, unserer Ich-Wirklichkeit. Wir definieren uns als jemanden, der kontinuierlich in der verstreichenden Zeit existiert. Von der Geburt bis zum Tod leben wir in der Zeit und sagen: »Das war mein Leben.« Vergangenheit, Gegenwart und Zukunft sind der Takt unserer Selbstbeschreibungen, Pläne, Sorgen und Wünsche. Ja, ohne Zeit sind wir als Ich, als Kontinuität gar nicht vorstellbar. Unsere Überzeugung, dass wir etwas werden und etwas verändern können, basiert auf der Zeit. Und wie wichtig ist uns diese Überzeugung! Fast unser ganzes Leben gründet auf ihr. Wenn die Zukunft plötzlich als Möglichkeit verschwände, stürzten wir in einen Abgrund.

Und doch ist Zeit vor allem ein Begriff im Denken, etwas, mit dem das Denken das Wahrgenommene und Beschriebene misst. Im Bereich der Naturwissenschaft, der Technik, dem Beschreiben von biologischen Entwicklungsprozessen oder bei der Wettervorhersage erscheint es sinnvoll und nützlich, diesen Begriff zu verwenden, oder auch, wenn wir uns verabreden wollen. Ohne den Zeitfaktor ist das alles nicht möglich. Man könnte sagen, alles, was Denken braucht, braucht auch Zeit.

Die Frage ist nur, ob auch für das Ich, für so genannte psychische Prozesse, Zeit eine Wirklichkeit ist oder eine Illusion. Gibt es mich, als der ich jetzt erlebt werde, morgen oder in einem Jahr noch, oder selbst im nächsten Moment? Habe ich Kontinuität in der Zeit?

Das Denken zögert und begreift, dass es diese Fragen nicht beantworten kann. Denn es braucht Zeit, es ist in der Zeit, und deshalb tragen all seine möglichen Antworten die Zeit schon in sich: Das Ich in der Zeit, das Ich als Lebensgeschichte entspringt deshalb dem Denken.

Leben geschieht von selbst

Unvorhersagbares

Im Zusammenleben ohne Worte und mit einem einfachen Tagesrhythmus ohne äußere Verpflichtungen wird es deutlich: Das Leben geschieht von selbst, durch es selbst. Das Leben spielt sich selbst. Trotz unserer Pläne und Zeitstrukturen ist jeder Moment unvorhersagbar und in seinem konkreten Ablauf unbekannt: Plötzlich ein Windstoß. Plötzlich ein Blitz. Unversehens fällt ein Ast zu Boden.

Unvermutet kommt um die Ecke des Hauses eine Frau und schaut mich an. Ihre Handzeichen lassen mich aufstehen. Ich suche eine Pinzette, um einen Dorn aus ihrem Fuß zu ziehen. Da höre ich das Geräusch des Autos, das die Lebensmittel zu uns bringt. Ich helfe, sie im Vorratsraum zu ordnen. Ein Stück Obst zieht mich an. Ich nehme es und gehe aus dem Raum. Da sehe ich Hunderte von Schmetterlingen und Insekten über dem Lavendel. Ich setze mich hin und sehe ihnen zu, während ich die Birne esse. Ich schaue auf die Uhr: Noch eine Stunde bis zur nächsten Meditation. Was mache ich? Ich könnte etwas schreiben. Auf dem Weg zu meinem Zimmer begegne ich einem anderen. Er gibt mir einen Gedichtband. Ich bleibe stehen und schaue hinein. Von fern ertönt Lachen, während ein Gedicht über die Liebe etwas in mir zum Schwingen bringt.

Danach die Meditation. Achten auf den Atem und den Gedankenstrom. Unvorhersagbar, welcher Gedanke als nächster kommt, unvorhersagbar, welcher Vogel singt, oder wann wo etwas im Körper weh tut. Unvorhersagbar alles. Alles geschieht von selbst, eins aus dem anderen, und nur scheinbar bestimmen wir unser Tun. In Wirklichkeit geschieht es uns, geschehen wir als es.

Wenn wir uns noch tiefer darauf einlassen, wird es immer zauberhafter und ungreifbarer. Da sind all die millionenfachen Bewegungen, die gleichzeitig stattfinden. Von den Gräsern zu den Insekten, den Bäumen, dem Wasser, den Vögeln, den Wolken, uns Menschen und unseren Gedanken, dem Körper, den Planeten und den Galaxien. Unendlich viele Bewegungen, und alle zusammen, ohne sich gegenseitig zu stören. Manche scheinen für sich zu laufen, andere stoßen sich gegenseitig an. Aber alle geschehen wie aus dem Nichts und vergehen im Nichts. Ein unaufhörliches Kommen und Gehen, ein endloses Sterben und Geborenwerden.

Die Vergänglichkeit, die Unmöglichkeit, etwas dauerhaft festzuhalten, berühren uns in einer nie geahnten Tiefe. Natürlich wissen wir, dass wir älter werden und sehen, wie sich unsere Haut verändert. Aber dieses unmittelbare Spüren, dass es *jetzt* geschieht, dass jetzt alles stirbt und alles neu entsteht, immer und immer – das ist uns unbekannt. Es löst ein unglaubliches Staunen aus, das Staunen der Demut vor so viel Größe und Unbegreiflichkeit.

Welch ein Wunder ist diese Schöpfung, die sich ständig neu erschafft! Welch ein Wunder der Blick in die unendliche Nacht, in diesen weiten Raum der unfasslichen Sterne und die tiefe Stille in allem. Es gibt nichts zu tun.

Hinter allem warum
immer nur eines.
Öffne die Frage.
Lasse dich ziehen
zum Grund dieses Sees.
Wie der Tropfen im Wasser
löst sie dort sich auf.

Wie Fesselballons segeln wir durch die Welt. Im Korb unser Hab und Gut und alles, was wir sind. Wenn wir aneinander vorbeitreiben, winken wir uns zu. Wenn alles abfällt, steigen wir ins Unermessliche.

Versunkenheit

Stundenlang kann ich am Wasser sitzen und in die Spiegelungen schauen. Es übt eine Faszination aus, als würde erst in der Spiegelung alles klar. In der Tiefe des Wassers wird der Himmelsraum noch weiter, und das helle Blau mischt sich mit dem dunklen Grün. Auf der Fläche des Spiegels wachsen die Bäume zitternd in die Höhe, und das Dreidimensionale erweitert sich zu einer neuen Dimension. Als sei alles Gespiegelte nur ein Traum, und dazwischen leuchtet die Wirklichkeit.

Nach der gestrigen Hitze heute spätsommerliche Wärme. Eine Wohltat! Am Meditationsplatz ist es ohne Wind so still, dass von ganz ferne selbst der Bach noch einmal hörbar wird. Es ist kein Plätschern, das Wort ist viel zu laut. Es ist wie eine Ahnung von Klang. Eine vorbeisummende Fliege übertönt ihn sofort. Alle Sinne sind offen, denn dieser geheimnisvolle Klang lockt in die Stille, in den Raum zwischen den Wellen, dorthin, wo der Atem entsteht. Dann kommt der Wind. Und unnachahmlich wie immer trägt er alles hinfort und bringt Frische und Glück.

Das Schreckliche

Für längere Zeit habe ich die Augen geschlossen gehalten und den inneren Filmen, Empfindungen und Bewusstseinsprozessen zugeschaut. Irgendwann tauchten Bilder vom Irak-Krieg auf, schreckliche Bilder und die Erinnerung an meine große Empörung darüber. Da stellte sich die Frage, wie all das Schreckliche, Brutale und Rücksichtslose, das wir Menschen einander ständig antun, zu begreifen ist.

Lange saß ich da und lauschte in diese Frage hinein, ohne dem Denken viel Zeit zu erlauben, in weltanschauliche oder sonstige intellektuelle Konzepte abzuschweifen. Es war wie ein ununterbrochenes Hinspüren in den Raum, den diese Frage eröffnete. Alle Empfindungen, Gefühle, Bilder und Gedanken hatten dort Platz und zogen hindurch. Zunächst nur langsam konkretisierten sich einige tastende Einsichten, bis sich plötzlich und unerwartet ein ganzheitliches, klares Verständnis zeigte, das im selben Moment die Frage auflöste. Beim darüber Nachdenken wurde es dann wieder fragwürdig, weckte inneren Widerstand und stieß an die Grenzen meiner ethischen und moralischen Überzeugungen. Dennoch will ich versuchen, dieses mögliche Verständnis des Schrecklichen zu vermitteln.

Es gibt nur das Tatsächliche – nur das, was ist. Das Tatsächliche sind die Phänomene, in denen die Gegenwart im wahrnehmenden Bewusstsein erscheint. Als solches sind diese Phänomene, seien es Kriegsbilder im Fernseher, ein krebskranker Freund oder der leuchtende Schnee in den hohen Bergen, weder schlecht noch gut, weder richtig noch falsch. Sie sind, was sie sind. Erst das bewertende Denken teilt sie in Kategorien ein. Es bekleidet sie mit Assoziationen, die aus dem Gedächtnis kommen und das Wahrgenommene in ein »persönliches« Bild verwandeln.

In der erfahrbaren Welt gibt es offensichtlich unterschiedliche Kräfte oder Energien, die miteinander interagieren. Ähnlich der Schwerkraft haben sie eine Richtung und bestimmte Qualitäten, die sich in ihrem Sosein und ihrer Wirkung ausdrücken. Ohne ihre Herkunft oder ihren Grund zu kennen, belegt die Tatsache ihres Wirkens ihr Dasein. Alles, was es in unserer Welt an Phänomenen gibt und was zu Geschehnissen führt – seien sie noch so schrecklich oder schön –, entspringt dem Spiel solcher Kräfte und ihrer unterschiedlichen Strömungen. Dabei ist es gleich, ob es sich um die so genannte äußere Welt mit ihren Dingen und Ereignissen handelt, um unseren Körper mit seinen Empfindungen, oder um unsere scheinbar gesondert existierende Psyche mit Qualitäten wie Aggression, Gier, Leid und Freude. Selbst das, was wir Intelligenz oder Geist nennen, scheint in diesen Kräften zu schwingen.

Alle interagierenden Kräfte sind Naturkräfte und kommen aus derselben Quelle. Alle wirken und handeln, wie es ihrer Natur entspricht. Was im Samen angelegt ist, muss sich entfalten und herausbilden. Deshalb sind Krieg und Frieden kein Gegensatz, sondern sie gehören zusammen wie Lust und Leid. Nicht, weil bestimmte Menschen so oder so handeln, passieren bestimmte Ereignisse, sondern die Welt geschieht, wie sie geschieht, weil es dem unbegreiflichen Kräftespiel entspricht. Am deutlichsten zeigt sich dies bei Naturkatastrophen, aber es gilt auch für die scheinbar von Menschen erzeugten Schrecken und Glücksmomente. Alle Kräfte sind vereint durch die eine Lebenskraft, die sich in ihnen manifestiert.

Trotz all unseres Leids werden wir nie aus der Polarität und Zerrissenheit herauskommen, wenn wir aus unserem dualistischen Denken heraus eine Kraft mit einer anderen bekämpfen, uns mit der einen gegen die andere identifizieren. Es entspricht zwar unserer gewohnten Konditionierung und entspringt auch unserer inneren Betroffenheit, dass wir auf Schreckliches mit Empörung, Gegenwehr und Angriff reagieren: Wir wollen uns wehren, die Schuldigen an den Pranger stellen und Gegenaktionen organisieren. Doch die gesamte Menschheitsgeschichte beweist, dass Konflikte, Kämpfe und Kriege durch Polarisierung, Rache und Vergeltung nicht beendet werden, sondern immer nur weitergehen. In den Abendnachrichten können wir uns täglich davon überzeugen.

Auch eine fatalistische Haltung dem scheinbar unausweichlichen Schicksal gegenüber, die aus diesen Einsichten abgeleitet werden könnte, führt in keinster Weise aus der Spaltung. Denn sie definiert uns weiter als getrennt vom Geschehen. Sie zementiert dadurch eine andere Illusion, nämlich die, dass wir hilflose Opfer in der Welt der Kräfte sind. Dass wir unserem Karma ausgeliefert sind und es nur passiv erdulden können. Es ist verständlich, dass diese Illusion bei manchen Menschen Reaktionen von Verzweiflung und Depression auslösen kann.

Die einzige Möglichkeit der Befreiung scheint darin zu liegen, das Spiel der Kräfte als das zu sehen, zu empfinden und anzunehmen, was es ist: Naturerscheinungen im Bewusstsein, die kommen und gehen – die Geburt eines Kindes, der Ausbruch eines Vulkans, zwei Menschen im Liebesspiel, Krebs im Körper, die Hinrichtung eines zum Tode Verurteilten und auch der Irak-Krieg.

In diesem Sehen leuchtet dann manchmal etwas ganz anderes auf, etwas Ganzes, Harmonisches, das alles vereint: Die Kraft hinter allem. – Auch wenn sich alles in uns dagegen wehrt, kann in dieser Schau einsichtig werden, dass niemand allein verantwortlich ist für Leid und Grausamkeit auf der Welt, sondern dass sie zu den Grundphänomenen gehören, die zwar durch unsere Blindheit verstärkt werden, aber letztlich aus dem Tanz des Seins entstehen. Unvorhersagbar sind sie und müssen ihrer Natur folgen.

Die Wirklichkeit der Physik

Das Wenige, das ich über moderne Physik gelesen habe, scheint in eine verblüffende Richtung zu deuten: Die Physiker wissen nicht mehr sicher, was es wirklich gibt. Der Glauben an definierte Dinge in Raum und Zeit, die von einem Forscher objektiv beobachtet und gemessen werden können, hat sich als eine Grundannahme der klassischen Physik herausgestellt, die nur innerhalb bestimmter Grenzen und Größenordnungen gültig ist. Jenseits davon ist die materielle Welt für den normalen Menschenverstand praktisch unbegreiflich. Sie besteht im Wesentlichen aus Leere, in der Wolken aus so genannten virtuellen Teilchen herumschwirren, die noch nie jemand zu Gesicht bekommen hat. Heute sprechen die Forscher von einer Urpotenzialität des Seins, die eine fast unbegrenzte Möglichkeit von Manifestationen oder Materialisierungen enthält. Was und wo etwas entsteht, kann nur noch in Form mathematischer Wahrscheinlichkeiten angegeben werden. Und immer sind Beobachter und Beobachtetes am Entstehen gemeinsam beteiligt. Das heißt, es gibt kein Ereignis, das vom Erlebenden getrennt ist.

Es scheint wahrscheinlich, dass im Urgrund dieser unendlichen Potenzialität alles ganz und gar eins ist und dass es in der Natur dieses Eins liegt, sich zu bewegen. Dadurch entsteht Verschiedenheit, während es selbst sich nicht verändert. Das in Wellen schwingende Sein, das unbegreiflicherweise schwingt, ohne dass etwas Materielles schwingt, ermöglicht durch sich spontan ereignende Interferenzmuster und deren Interaktion eine beinahe unbegrenzte Vielfalt von Differenzierungen, die sich letztlich als Kräfte und Kraftfelder manifestieren und als die materialisierte Welt erscheinen.

Ob sichtbar oder unsichtbar, ob Gefühl, Gedanke oder Ding – alles ist Ausdruck dieser Kräfte und ihres Zusammenspiels. Schöpfung liegt in der Natur des Seins, und alles, was einen Anfang hat, hat ein Ende. Dies klingt plausibel, doch letztlich ist es unbegreiflich. Dabei ist es nur unsere Seite der Welt. Auf der anderen Seite ist alles still und unbekannt.

Leben ist Schöpfung,
unaufhörlich,
vergänglich.
Ein Erscheinen von Welt.
Urkraft im Urraum,
unbegrenzt möglich.
Alles und Nichts.

Liebe

Natürlich kommt die Frage nach dem Herzen und der Liebe auf, wenn deutlich wird, dass alles ein Tanz und Spiel gleichberechtigter Kräfte ist: »Ist es dann nicht mehr wichtig und richtig, sich zu bemühen, Gutes zu tun und zum Frieden beizutragen?«

Diese Frage bleibt an der Oberfläche, weil sie erneut einer teilenden Sicht entspringt. Die Gesamtheit des Spiels der Kräfte kann wohl erst in jenem Raum sichtbar und spürbar werden, wo sie entstehen, wo alles zusammengehört und eins ist. Es scheint völlig natürlich, dass dieser Raum von einem Bewusstsein totaler Akzeptanz, Güte und Liebe erfüllt ist. All seine Kinder werden mit Liebe auf den Weg geschickt, und alle Kinder gehören zusammen. Doch während diese sich – ihrem Gesetz folgend – entfalten und scheinbar sie selbst werden, entfremden die Geschwister sich einander, bis sie sich nicht mehr kennen und einander bekämpfen.

Erst in einem direkten Sehen, in der Erkenntnis der gemeinsamen Quelle, werden die Brüder und Schwestern auf dem Weg wieder sichtbar, und es wird klar, dass alles so sein muss, wie es ist. Allen Schmerz, alles Leid, alle Gewalt erkennt dieses Sehen mit Liebe. Und manchmal bewirkt dies Verwandlung.

Heute ein heiliger Tag.
Alles ist gesegnet.
Im glitzernden Tropfen
spiegelt sich dein Gesicht.

Wenn wir einem Menschen mit einer Behinderung oder einer Deformierung begegnen, sind wir wie befangen und sehen den Menschen insgesamt als beeinträchtigt, so als sei er selbst dieser Makel. Doch bei genauem Hinschauen stellen wir überrascht fest, dass dort ein wertvolles Wesen in seiner eigenen Schönheit leuchtet. Und manchmal bemerken wir, dass dieser Mensch wir selbst sind.

Präsenz

Die einzige unhinterfragbare Wirklichkeit ist die Gegenwart mit ihrer Präsenz. In jedem Blick, in dem wir uns begegnen, erinnern wir uns daran. Jeder Windstoß, jedes tanzende Blatt erinnern uns daran. Jeder Wassertropfen, jedes Essen, jeder Sonnenuntergang und jeder Atemzug erinnern uns daran.

Gemeinsam zu schweigen bedeutet, sich gemeinsam der Präsenz zu öffnen und sie zu sein. Dann werden viele unserer Begegnungen mit ihren Reaktionen zu einem fließenden, natürlichen Theater auf der gemeinsamen Lebensbühne. Fast alles wird leicht und ohne große Bedeutung. Es lädt ein, zu lachen. In unseren Bewegungen gleiten wir durch die Welt und spielen miteinander wie Kinder, die ihre Unschuld wiederentdeckt haben. Wir spielen uns selbst in der Gegenwart und werden dadurch fließender und heller. Wir spüren, dass wir zusammen spielen und dass alles ein Tanz ist. Deshalb sind wir nicht wie sonst selbstbeobachtend, kritisch oder unsicher. Wir sind vielmehr heitere Spieler unserer selbst. Kaum etwas an unserem Verhalten hat den geglaubten Ernst des Festen und Bedeutungsvollen. Schillernde Denkblasen tanzen in uns allen und platzen im Wind. Wenn Sein so spürbar ist, geht seine Grundschwingung selbstverständlich in das Spiel über. Wo Liebe das Wesen ist, gibt es auch auf der Bühne nur Liebende. Und wenn sich unsere Augen begegnen, sprechen sie dieselbe Sprache.

Doch immer wieder geschieht es, dass sich der Raum verengt und die Leichtigkeit verschwindet. Die Identifizierung mit der Rolle und dem Ich beginnen sich im Bewusstsein auszubreiten. Das Spiel wird wieder ernst. Uns selbst beschreibend, werden persönliche Gedanken und Gefühle bedeutungsvoll und wichtig. Wir trennen uns voneinander, und die Dramen unseres Lebens werden erneut zum dominierenden Bewusstseinsinhalt. Alles verfestigt sich, wird dichter und undurchdringlicher. Es ist eine Verwandlung, die immer wieder zutiefst erstaunt und auch erschreckt.

Wenn an diesem Punkt ein Innehalten gelingt, einige atmende Augenblicke des nicht bewertenden Zuschauens, wird der Prozess der Identifizierung, des Festhaltens und Verhakens sehr deutlich. Er schwebt als Bewusstseinsqualität mit den aus ihr entstehenden Impulsen vor dem inneren Auge, ohne bereits zu Handeln und Ausagieren zu führen. Oft reicht schon dies, um den Wind des Seins wieder ein wenig zu spüren und den Duft der Feinheit.

Wir atmen einander
im sonnendurchtränkten Licht.
Die Blumen und ich,
wir sind eins.

In jeder Zelle,
in jedem Blatt
atmet es uns.
Ein Wunder,
dass die Form
vollkommen hält.

Sichtbar sind wir
einander
als heller Duft
aus Präsenz.

Der Hintergrund von Worten

Worte, mit denen wir uns oder andere beschreiben, enthalten häufig den gesamten persönlichen Assoziationshintergrund, mit dem sie in der Vergangenheit aufgeladen und im Gedächtnis gespeichert wurden. So können an einem Wort oder Namen frühere Erlebnisse mit anderen Menschen oder Orten hängen. Zum Beispiel kann ein bestimmter Frauenname mit der Erinnerung an eine angenehme Persönlichkeit und schöne Erlebnisse verbunden sein, oder aber es gibt starke Identifikationen wie »Amerikaner«, »Moslem«, »Jude«, die mit einer Vielzahl emotional geladener Eigenschaften und Vorurteilen besetzt sind. Wenn wir dann etwas oder jemanden mit einem solchen Wort beschreiben, projizieren wir unbewusst all die früheren Assoziationen, mit denen es beladen ist, auf die so bezeichnete Person oder Situation. Wir reagieren gefühlsmäßig und körperlich so, als hätten sie wirklich diese Eigenschaften.

Die Gegenwarts-Wahrnehmung wird dadurch so sehr von der Vergangenheit gefärbt, dass ein direktes Sehen und Spüren gar nicht mehr möglich ist. Dabei bemerken wir oft gar nicht, wie unrecht wir unserem Gegenüber damit tun. Dieser automatische Mechanismus ist Ursache vieler Missverständnisse und Konflikte in unseren Beziehungen und unserem Welterleben.

Nach der Abendmeditation der Blick in den Himmel: kein Mond. Das riesige Gewölbe und die unzählbaren Sterne. Gewaltig die Gegenwart der Unermesslichkeit. Wie wenig wir wissen. Doch die Dunkelheit ängstigt nicht. Sie gibt Geborgenheit und eine tiefe Ruhe. Sie ist das Leuchten der Nacht, das uns hält.

Grundwahrheiten

Alle Erscheinungen sind vergänglich.
Das Ich ist eine Einbildung.
Es gibt nur die Gegenwart.

Ganz früh am Morgen überall Nebel. Als die Sonne über die Hügel kommt, scheint sie blass durch ziehende Schleier, als hätte sie sich verspätet. Bei der Gehmeditation ist das Gras nass, und hie und da spannen sich schon Spinnennetze zwischen den Halmen. Immer wieder gehen wir morgens unseren Kreis, und jedes Mal hat sich vieles verwandelt. Immer wieder neue Knospen, neue Blüten. Immer wieder Verwelken und Vergehen. Die Farben wechseln und die Formen, und täglich ein anderes Licht. Auch wir sind anders und sehen nie gleich aus. Eine Ordnung ist in allem, das kommt und geht.

Denken und Fühlen

Das innere Kino

Über Stunden dem inneren Kino zuschauen, während die Schatten im Außen wandern. Es ist ein faszinierendes Erlebniskino, so, als fänden die Szenen gerade eben erst statt. Die lebendig erscheinenden Filminhalte, die der Gedächtnisprojektor jeweils in den Bewusstseinsraum schickt, lösen als Reaktionen Gefühle und Körperempfindungen aus, die sich zum Beispiel mit der Sonnenwärme auf der Haut vermischen.

Doch nun scheint mir die Sonne durch die Bäume hindurch mitten ins Gesicht und unterbricht den Film. Da wird eine Einsicht klar: Lebendigkeit ist *jetzt* – nur der Inhalt, der mit ihr erlebt wird, ist ein Erinnerungsfilm. Es ist, als würde dem Film durch das Jetzt Leben eingehaucht, sodass die Illusion entsteht, seine Inhalte seien lebendige Wirklichkeit. Doch sie sind erinnerte Erlebnis-Interpretationen und keine gegenwärtige Realität. Sie sind in gewisser Weise leblos und fixiert, während das Jetzt lebt. Auch wenn alle Bilder ausgelöscht würden und der Projektor abgeschaltet worden wäre, geht von der Lebendigkeit selbst nichts verloren.

Durch das automatische und gewohnheitsmäßige Wiederabspielen emotionsintensiver Filme wird das Ich-Bild – der Hauptdarsteller – scheinbar immer wieder neu mit Lebendigkeit und Wirklichkeit aufgeladen. Es ist, als würde unserer Identität dadurch der Lebenshauch eingeflößt. Fast so, als benötigte das Leben das Kostüm des Einzelnen, um wertvoll zu erscheinen.

Du,
Blume unter Blumen,
du schaust empor
in den Himmel.
Ein Hauch lässt dich erbeben,
bis deine Blätter zittern
vor Glück.

Du,
Wesen unter Wesen
entfaltest dich.
Dein Purpur glänzt
vom Tau
der tiefen dunklen Nacht.
In ihr – von irgendwo,
bist du erwacht.

Du,
Schwingung in der Schwingung,
selbst deine Knochen
sind aus Licht.
Und dein Lächeln,
jenes Lächeln,
wie noch nie,
ist Goldstaubduft
einer verborgenen Welt.

Heute Morgen Rosenzauber: Auf drei weit geöffneten Blüten der Gloria Dei in ihrem weichen, rosa getönten Gelb leuchten große und kleine Tautropfen wie durchsichtige Perlen. In der Sonne werden sie zum vielfarbigen, glitzernden Meer, das der Blick einatmet und trinkt.

Träumen

An den Träumen zeigt sich in besonderer Weise das erstaunliche Vermögen des Gehirns, scheinbare Wirklichkeiten zu erzeugen. Die Komplexität, Ganzheitlichkeit, Geschwindigkeit und unbegrenzt assoziative Phantasie unseres Denk-, Fühl- und Empfindungssystems sind verblüffend. Während der Körper und das Alltagsbewusstsein schlafen, zaubert das Gehirn – oder vielleicht auch eine andere Quelle – real erscheinende Welten von höchster Intensität; eine neben der anderen, eine in der anderen. Woher kommt das Material, woher die oft unbekannten Figuren und Zusammenhänge? Als ob ein Magier mit einem unbegrenzten Repertoire spielt und alles erzaubern kann aus Nichts.

Erbebend erwacht.
Wo ist die Nacht?
Bin ich der Traum,
der wirklich scheint?
Wer bin ich,
wo ist meine Welt?
Wo ist der Boden,
der mich hält?

Der Schwärze Licht
ist blendend hell.
Ich weiß nichts mehr,
mein Blick zerbricht.
Ich fliege, stürze, falle tief.
Hinein, hindurch.
Wer weiß,
wohin?

Während ich den braun gemusterten Falter auf der blauen Distel beobachte, wie er gelassen und selbstverständlich isst, frage ich mich, warum wir Bomben aufeinander werfen.

Ein Hohes Lied auf das Denken

Denken, du Wunderwerkzeug der Schöpfung! Du kannst fast alles, wie ein Artist hoch am Trapez. Der Menschenraum ist dein Zirkuszelt, in dem entsteht, was du gebierst, wie Zauberwerk und wirkliche Magie. Alles kannst du mit allem verbinden, und aus nichts machst du etwas. Ein Funken genügt, eine kurze Bewegung, und du erschaffst mein ganzes Reich. Ich tanze und kämpfe, leide und bade in Lust, wie du es erlaubst. Du gibst mir alles, was ich Mein nenne, und kannst es nehmen, so wie du willst.

Du bist ein Künstler der Gefühle, ein Derwisch im Land der Emotion. Du beherrschst den Körper, wie kaum etwas anderes, und kommst und gehst, wie es dir gefällt. Selbst auf Entfernung vermagst du zu wirken, und alles jemals Gedachte ist in dir. Unter allen Kindern der Schöpfung bist du ein besonderes Kind, weil du Sonderung erzeugen kannst. Und doch lebst auch du im Schoß des Einen. Wenn du es lachend spürst, lässt du dein Zauberwerk los.

Wo finden die Wurzeln der großen Glyzinie Wasser in diesem vertrocknenden Sommer, dass sie Blüten erschafft im August? Wie ein riesiger Baum müssen sie im felsigen Erdreich wachsen und suchen und saugen, ohne je zu verzagen. Ihr dicker Stamm ist über Jahre gewachsen, und ihre rankenden Äste bedecken schon fast zwei Wände des steinernen Hauses. Hart und vielfach verschlungen ist sie und erzaubert Traubenblumen voll Zartheit. So wild ist ihre Kraft, dass wir sie zähmen müssen, sonst sprengt sie die Wand.

Angst

Angst ist die gedankliche Interpretation eines komplexen Körpergefühls. Es besteht aus einem Gemisch von Empfindungen wie Unruhe, Spannung, Enge in der Brust und in der Kehle, Herzklopfen, Schwitzen und mehr. Sobald es auftaucht, beginnt das Denken sofort, solche Körperempfindungen mit Erinnerungsassoziationen zu interpretieren. Es beschreibt und definiert den Zustand, in dem sich jemand befindet, als Angst und gibt dieser Angst einen Inhalt. Verstärkend wirkt dabei seine Tendenz, Schlussfolgerungen zu ziehen und sich auszumalen, wohin es führen wird, wenn die Angst weitergeht oder wenn das Befürchtete eintritt.

Der Prozess kann auch andersherum laufen: Es beginnt mit einem Gedankenfilm, der von etwas handelt, das die beschriebenen Empfindungen im Körper dann erst auslöst und sich dadurch als Wirklichkeit bestätigt fühlt. Die Intensität des Erlebens kann sich nun zwischen Gedanken und Körperreaktionen bis hin zur Panik aufschaukeln, wo das ganze System nach einem Ausweg sucht oder in einem Totstellreflex erstarrt.

In solchen Situationen ist es hilfreich, wenn es gelingt, das Denken von den Körperempfindungen abzuziehen, sodass es aufhört, sie zu beschreiben und zu interpretieren. Die Aufmerksamkeit geht dann zum Atem, der mit den Gefühlen und Empfindungen fließt, sie atmend als sie selbst da sein lässt. Mit der ihnen eigenen energetischen Schwingung, ihrem »Geschmack«, sind diese Empfindungen nun als sie selbst im Bewusstsein: eine strömende Gefühlsbewegtheit. Doch sie haben keine interpretierte Bedeutung, keinen Inhalt und sie gehören niemandem, genau wie der Atem. Sie sind da, solange sie da sind, und lösen sich dann wie alles von selbst auf. So wie ein Gewitter oder ein Erdbeben im Gewahrsein, ein natürliches Geschehen.

Lust und Begehren

Die Welle der sexuellen Lust – welch unglaubliche Kraft! Sie löscht alles aus und drängt in strömenden Schwingungen nach Ekstase und Verschmelzung. Fast nichts kann sie bremsen in ihrem Rausch, der die Körper bewegt und sie in den Höhepunkt der Vereinigung trägt. Es ist, als wolle sich alles mit allem vermischen, ineinander auflösen und zeitlos einen. Welch ein Wunder, welch ein Geschenk, das die Menschheit am Leben erhält! Mann und Frau in ihrer Grundnatur vereint durch ihr Verschiedensein.

Doch vorher und nachher entwickeln sich häufig Verstrickungen, Konflikte und manchmal tiefes menschliches Leid. Selten ist das Ich sich selbst so ausgeliefert, wie in seinem Begehren nach und in seinem Umgang mit Lust. Hier kann es sich in seinen Extremen erfahren. Die

Tendenz zu wollen, die Tendenz zu halten, die Tendenz zu kämpfen und zu hassen werden hier deutlich sichtbar.

Da die Vereinigung immer wieder in die Zweiheit mündet, hört die mit ihr verbundene Befriedigung natürlicherweise auf, und wir können uns zuschauen, wie unsere inneren Bilder und Gedanken intensive Filme der Sehnsucht, der Liebe, des Dramas und auch der Tragödien voller Selbstmitleid erschaffen. Es ist eine Herausforderung, konfliktfrei Lust zu erleben und wieder zu lassen, Begehren zu spüren und seinem drängenden Sog nicht zu verfallen. Es ist eine Schule für Balance und Lebenskunst.

Um sie zu lernen, erscheint es besonders hilfreich, fühlen und spüren zu können, ohne gleich zu handeln und sich von Vorstellungen wegtragen zu lassen. Dann werden die emotionale Ladung und die Ich-Prozesse, die mit dem Bereich des sexuellen Begehrens verbunden sind, deutlich und können in direkten Kontakt kommen mit anderem: der Erde, dem Raum der Stille, der Weite des Herzens und einer Demut, die lauscht und annimmt. Auf diese Weise kann sich das innere Getriebensein allmählich beruhigen, und viele andere Aspekte der jeweiligen Beziehung und der Liebe werden spürbar.

Am Morgen,
in der strahlenden Sonne,
öffnet er sich,
der Kaktusblütenkelch
mit seinen feingliedrigen,
spitzen Blättern.

Eine Blüte einmal im Jahr.
Vollkommen die Schönheit
im zarten Pastell.
Ein sich dem Licht eröffnender Mund,
voll sinnlicher Reinheit.
Im Innern Sterne
und der rosa Staub der Pollen.

Klein ist der Kaktus,
fast unscheinbar.
Doch jetzt trägt er,
am unendlichen Stiel,
die Königin dieses Morgens.
Am Abend schon verschlossen,
welkt sie am nächsten Tag
dahin.

Dasein

Die letzten Sonnenstrahlen auf den vibrierenden Blättern. Der Wind lässt ein wenig nach. Es wird friedlich. Es ist wohl eine Illusion, die Welt verändern zu wollen. Denn alles muss seinen Gang nehmen bis zum Ende. So bleibt nur das Direkte, das Unmittelbare. Da zu sein ist das Kostbarste, was es gibt. Es zu spüren, macht dankbar.

Ich will
nirgendwo hin.
Ich bin schon da,
wo ich bin.

An einem bestimmten Punkt des eigenen Entwicklungs- und Selbstentdeckungsweges wird sehr deutlich und klar, dass es nicht darum geht, irgendeinen besonderen Zustand zu erreichen oder etwas Wesentliches zu verändern. Alle Wegweiser und Methoden, die andere einem empfehlen, relativieren sich. Die Verführungen der Welt werden zwar gespürt, doch ist klar, dass sie häufig auf Irrwege rufen. Auch die Beschäftigung mit sich selbst entpuppt sich als eine leer laufende und verfangende Bewegung ohne rechten Sinn. Wie mühsam es ist, all diese Selbstbilder zu malen und aufrecht zu erhalten!

Es geschieht eine Einkehr in die Einfachheit und das Gegebene. Was sollen all die Denkgebäude über spirituelle Hierarchien und andere Bewusstseinsebenen, wenn Moment auf Moment einfach geschieht? Der Atem wird gegeben, das Licht wird gegeben.

Alles ist da. Eine Erlösung voller Heiterkeit und Frieden.

Spät am Abend die indischen Tamburas – Sphärenmusik. Das kosmische Klanggewebe löst alles auf und bringt alles zusammen. Spiralen unendlicher Harmonien kreisen steigend und sinkend. Der Raum ist durchscheinend und doch tragend, wenn der Äther singt. Es ist, als ob das Gehirn durchflutet wird von kraftvollen Wellen, die erlösen. Jede Zelle ist in Resonanz, und fraglos überlassen sich alle.

Flüssige Sonne
im fließenden Wasser.
Durchsichtig der Grund
aus schwingendem Raum.

Niemandsland da.
Unberührt alles.
Kein Staubkorn
von Vergangenheit.
Weder du noch ich,
weder Aug noch Ohr
waren jemals hier.
Selbst der Atem ist still
in diesem Duft.

Wortlos ist alles,
denn Namen
sind hier
ohne Sinn.
Es strömt das Wasser,
Wasser im Wasser.
Es fließt dahin.

Gegenwart, Denken und Ich

Wenn im Schweigen das innere Gespräch verstummt, ist all das Wirklichkeit, was nicht dem Denken entspringt. Es ist ein einziges fließendes Ganzes. Es ist aus sich selbst es selbst. Ohne Beschreibung, ohne Denken ist es das Sein.

Der Prozess des Denkens

Wie eine Libelle besteht das Denken aus Stoff, dem Stoff der materiellen Welt. Es ist ein organischer Körperprozess, der in noch weitgehend unbekannten neurophysiologischen Abläufen fast dauernd in sämtlichen menschlichen Gehirnen geschieht. Eine Vernetzung und biochemische Kommunikation unterschiedlicher Hirnstrukturen sind daran beteiligt. Gedankliche Inhalte können in diesen Strukturen – und vielleicht auch jenseits von ihnen – in noch nicht erforschten physischen Formen als Erinnerungsgebilde gespeichert werden. In letzter Zeit scheint es den Wissenschaftlern wahrscheinlich, dass es sich dabei um einen holographischen Prozess handelt. Die Informationen wären demnach in Interferenzmustern gespeichert. Und diese Muster entstehen durch die beim Denken und Erleben ablaufenden bio-elektro-chemischen Prozesse, die wiederum sich im Raum ausbreitende Schwingungsphänomene auslösen. Die holographischen Spuren aller Gedanken und Geschehnisse wären nach dieser Auffassung im Prinzip auch über räumliche und zeitliche Entfernung unserem Bewusstsein zugänglich.

Wie dem auch sei – das aus einer Millionen Jahre dauernden Entwicklung hervorgegangene menschliche Gehirn wächst mit all seinen Fähigkeiten in jedem Embryo und Kleinkind heran. Und es ist nicht auszuschließen, dass dabei auch Erinnerungsstrukturen gebildet werden oder zugänglich sind, die nicht aus der individuellen Entwicklung stammen. In jedem Fall hat jedes Gehirn die Fähigkeit, Denk- und Fühlinhalte zu produzieren, bewusst zu machen und zu speichern. Die Grundprozesse sind in allen Gehirnen dieselben. Wir haben alle das gleiche Gehirn.

Seit Tausenden von Jahren erzeugt der Denkprozess neben den für objektive Wirklichkeit gehaltenen Wahrnehmungs-Repräsentationen der äußeren Welt und des Körpers und den abstrakten Gebäuden aus sprachlichen Begriffen, wie Kategorien und Weltanschauungen, die »Ich-Struktur«. Sie ist dadurch gekennzeichnet, dass sie als der Denkende, Wahrnehmende und Empfindende erlebt wird. Jeder von uns, der sich für ein Ich hält, besteht aus diesem Prozess.

»Ich« besteht also aus Denken. Seine Wände sind wie fließende Filme, die ständig wechseln oder manchmal auch stehen bleiben. Während der Prozess der Filmerzeugung selbst lebendig ist, sind es seine Inhalte kaum. Es handelt sich um Bilder und Projektionen, deren scheinbare Bedeutung und Verstehbarkeit sich im Verlauf der Menschheitsgeschichte in Form allgemeiner Übereinkünfte und der darauf aufbauenden individuellen Erziehung gebildet haben. Es ist der Konsens und das Fundament, auf dem unsere Gesellschaft basiert.

Als selbstbezügliches System kann sich das Denken seiner selbst und der in ihm ablaufenden Prozesse, wie etwa der Ich-Bildung, bewusst werden. Dieser unmittelbare Bewusstwerdungsprozess kann frei sein von Bewertung, Gewichtung oder Trennung in Beobachter und Beobachtetes. Es ist ein Sehen ohne Sehenden. In einem solchen Sehen wird auch die Begrenztheit des Denkens sichtbar.

Das Denken selbst ist ein Geschehen wie jedes andere auch – der plätschernde Bach, das Summen der Biene, das Leuchten des Mondes im See. Es denkt Gedanken und strömt in ihnen dahin. Im Bewusstsein ist es bewusst wie alles, was geschieht. Das Sein besteht nicht aus Denken, sondern Denken ist nur ein Aspekt des Seins. Sich selbst in seiner Begrenztheit sehend, verstummt das Denken auf natürliche Weise dort, wo sein Instrumentarium unbrauchbar ist. Dieses Sehen ist ein Merkmal von Intelligenz. Aus der Stille kann sie dann das Denken nutzen, um zu sprechen.

Alle Sonnen verblassen
in diesem Licht
einer Sonne,
die hinter allen Sonnen ist.
Die Schatten verschwinden,
die Form zerbricht.
Traumlos glänzt
das Nichts.

Die Gegenwart und das Ich

In der Gegenwart ist die Gegenwart das Ich. Das Denken fragt: Was ist die Beziehung zwischen dem »Ich bin« der Gegenwart und »meinem Ich«? –

Lauschen in die Frage.

»Mein Ich« ist ein Gedanke, die Gegenwart ist Anwesenheit. Anwesenheit ist nicht zu denken, sie ist. »Mein Ich« führt sein scheinbar gesondertes Dasein im als Sein geschehenden »Ich bin«. »Mein Ich« kann Sein nicht berühren, aber im Sein als Schein sichtbar werden.

Meistens lebe ich meine Wirklichkeit, meine Lebensgeschichte, abgekapselt von der Gegenwart, als bestünde meine Welt aus einer anderen Substanz. Doch manchmal scheinen sich die Kanäle zu öffnen, und Gegenwart berührt »mein Bewusstsein« mit sich selbst. Was geschieht?

Ich fühle mich geliebt und sehe die äußere und innere Welt in leuchtender Schönheit. Es ist, als wehten durch all meine Beschäftigungen und alle Probleme luftige Strahlen aus Licht und ließen alles schweben. Von der Gegenwart gehalten, wird das Herz erfüllt von Mitgefühl zu allem, was es gibt. Liebe ist da und Frieden, mit der Sicherheit, endlich angekommen zu sein.

Doch dann stürze ich wie in einem Quantensprung wieder aus der Gegenwart in mein bekanntes Ich und bin mit all meinen Mechanismen sofort wieder da. Alles hat sich schlagartig verwandelt. Ich bin in meiner Geschichte und erlebe mich als Initiator und Kontrolleur meines Handelns. In diesem Zustand ist Gegenwart für mich das, was mich umgibt: die Umgebung meines Körpers, die im Wesentlichen aus gesonderten Dingen und Erscheinungen besteht. Ich bewege mich mit »meinem Körper« in der mich umgebenden Welt.

In der direkten Gegenwartspräsenz gehört der Körper hingegen ganz und gar zu ihr, da er aus ihr besteht. Wenn das geht, was wir Körper nennen, geht die Gegenwart mit. Nicht der Körper geht, sondern die Gegenwart geht. Ohne Ich-Welt verschwindet die Absonderung des Körpers, er ist nicht der »meine«. Er schwimmt oder geschieht in einem Fließaustausch mit allem.

Und abermals,
von nirgendwo
erscheint sie uns,
die Wesenheit.
Erinnert mich,
erinnert sich,
dass es sie gibt.
Erscheint erst
wie Erinnerung,
ein ferner Traum,
der einmal war.

Bis ich es spüre,
dieses Licht,
den Atemstrom
der Gegenwart.
Und spür ich sie,
wird leuchtend klar:
nur das bin ich,
bin ganz und gar
aus ihr gemacht.

Verwandlung von Gegenwart in Erinnerung

In einem noch unbekannten Prozess, der zu dem führt, was wir Gedächtnis nennen, verwandelt sich die Gegenwart in Erinnerung. Er übersetzt die Unbegreiflichkeit der Gegenwart in speicherfähige Information. So wird aus Gegenwart etwas Erlebtes. Wie genau geschieht das? – Wenn wir dem immer wieder nachspüren, kann dies zu folgenden komplexen und weiterhin fragwürdigen Einsichten führen:

Genauso wie für einige Forscher die Vielzahl der Phänomene im Mikro- und Makrokosmos ihren Ausgangspunkt in einer Bewegung des Ur-Einen haben, muss im Prozess der Verwandlung von Gegenwart in erinnerbare Wahrnehmung als Erstes etwas auftauchen, was aus dem untrennbar Ganzen unterscheidbar wird. Unterschieden wird es vermutlich durch Verbildlichung oder durch Benennung. Während des Erkenntnisprozesses werden, in vielleicht kaum fasslicher Weise, im Einen der Gegenwart bestimmte Grenzen gezogen, die innen und außen bzw. einzelne Objekte und Phänomene scheinbar voneinander trennen oder zumindest unterscheiden. Und dies erlaubt, sie als etwas Gesondertes erscheinen zu lassen: den Baum, den Hügel, das Wasser, die Sonne, den Körper, den Atem.

Gleichzeitig mit der sich so herauskristallisierenden Welt taucht das Empfinden eines Beobachters auf, der selbige wahrzunehmen scheint. Durch diesen blitzartig und sich parallel vollziehenden Gesamtprozess verwandelt sich die Unbeschreiblichkeit der Gegenwart in eine erkannte Wirklichkeit aus Bildern, Worten und Identitäten. Diese sind letztlich Interpretationen, Projektionen oder Eigenschöpfungen des wahrnehmenden Organismus. Der mit der Außen- und Innenwelt im Bewusstsein auftauchende Wahrnehmende, der dem Empfinden unserer Ich-Identität entspricht, ist sich der gegenseitigen Bedingtheit von Gesehenem und Sehendem nicht bewusst, sondern überzeugt davon, dass es das, was er wahrnimmt, unabhängig von ihm wirklich gibt.

In diesem Zusammenhang sind neue Erkenntnisse der Quantenphysiker interessant: Die Grundbausteine der physischen Realität – so genannte Licht- und Energiequanten – existieren, solange sie nicht beobachtet werden, gleichzeitig in ganz unterschiedlichen möglichen Zuständen, die sozusagen als Potenzialität in ihrem Wesen angelegt sind. Erst wenn sie beobachtet oder gemessen werden – das heißt mit dem Auftauchen eines Wahrnehmenden –, kollabiert diese Multipotenzialität, und sie werden etwas Bestimmtes.

Erkennen geschieht also, wenn etwas in der Wahrnehmung auftaucht, mit Inhalten des Gedächtnisspeichers verglichen wird und dadurch Bedeutung erhält. Sobald etwas erkannt und eine bewusste Erscheinung ist, ist es wiederum speicherbar und geht als Information in das Gedächtnis ein. Auf diese Weise hat sich wohl die gesamte Menschheitsgeschichte im Gedächtnis gesammelt. In jedem neugeborenen Gehirn ist dieser Prozess angelegt und wird durch Erziehung und Umwelteinflüsse weiter vermittelt und tief eingeprägt. Familiäre und kulturelle Konditionierung geschieht vermutlich auf solche Weise.

Plötzlich die Schlange!

Der Körper reagiert sofort und verharrt.

Das Erkennen ist viel langsamer, so, als müssten erst verschiedene Schalter gestellt werden, bis das Wort »Schlange« erscheint und man damit Bewegung und Körper der Schlange begreift. – Erst dann kommt der Schreck.

Du und ich

Man könnte sagen, du und ich, so wie wir uns kennen, sind Umdeutungen eines unbeschriebenen Beieinanders in einen erinnerbaren Zusammenhang. Im gemeinsamen Geschehen gibt es uns so nicht, nur in der Geschichte über das Geschehen. Doch eins ist klar: Da wir im Erkennen gemeinsam »geboren« werden und uns dadurch gegenseitig bedingen, gehören wir zusammen. Es gibt mich, weil es dich gibt, und dich, weil es mich gibt. Wir werden miteinander geboren, weil wir uns gegenseitig definieren und damit eine gesonderte Identität geben. Du bist mein Spiegel, ohne den ich mich als dieses Ich nicht sehen kann. Und in jedem neuen Du sehe ich ein anderes Ich im Spiegel. So sind wir untrennbar und bestehen aus unseren Beziehungen zu allem. Wie anders würden wir uns sehen, wenn uns von all dem Gesagten zumindest dieses klar wäre!

Wenn wir beispielsweise als Paar bewusst von der Gegenwart berührt werden, ist unmittelbar deutlich, dass alles, was wir über unsere Beziehung sagen, eine Geschichte ist, ein Film. Ja, dass die ganze uns bekannte Beziehung, einschließlich der erinnerten Gefühle, aus dieser Geschichte besteht. Es ist eine Geschichte, die nun durch die Gegenwart belebt wird. Wenn wir dann einander etwas erzählen oder fragen, was darauf basiert, dass wir uns als Partner wirklich kennen, setzen wir die Inszenierung unserer Geschichte fort und fügen diesen neuen Teil unserem Filmarchiv hinzu. Meist sind wir dabei so sehr identifiziert, dass wir den Prozess nicht bemerken.

Wenn es aber geschieht, dass wir einander in der Gegenwart wirklich sehen, ohne aus ihr herauszufallen, erkennen wir uns ineinander und sehen, dass wir eins sind. Dies ist ein überwältigender Moment der Liebe.

Du und ich
wir sind eins.
Wie könnten wir uns jemals trennen?

Im Leuchten deiner Augen
zerfließt die Welt,
zerschmelze ich.
Du unendlicher See,
du alles durchströmende
Liebesglut.

Ohne Grenze,
ohne Bedingung
fühlt sich alles gemeint
und gibt sich dir hin.

Du bist
die Schönheit jeder Seele,
du ewiges Leuchten
im See.
Aus solcher Tiefe
schaust du mich an,
dass ich versinke.

Zeit

Ein weiterer wesentlicher Faktor im Prozess der Verwandlung der geschehenden Gegenwart in erinnerbare Wahrnehmung ist das mysteriöse Phänomen Zeit, das auf unbekannte Weise in der zeitlosen Gegenwart auftaucht. Zeit teilt ein und misst. Zeitempfinden ist die Basis für Kontinuität, das Fortbestehen von etwas, das als gesondert erkannt wurde. Nur durch den Glauben an Zeit und Kontinuität wird die Geschichte unseres Lebens glaubwürdig.

Doch wahrscheinlich gibt es diese Kontinuität so nicht. Schon im genauen Achtsamsein wird deutlich, dass auch unser Alltagsbewusstsein, genau wie ein Film, aus unzähligen Einzelmomenten besteht. Sie tauchen blitzartig auf, doch zwischen ihnen gibt es immer ein Intervall der Zeitlosigkeit, der Diskontinuität. Welt und Identität mit ihrem Gedächtnis scheinen ständig in der geschehenden Gegenwart zu entstehen und zu vergehen: das unbegreifliche Wunder des Lebens.

Das Gedächtnis besteht aus Erinnerung, und Erinnerung ist die Verwandlung der Gegenwart in als Sequenzen in der Zeit stattfindende Geschehnisse und Geschichten. All unsere Handlungen, Erlebnisse und Interaktionen sind Erscheinungen in der Zeit. In der Zeit haben sie Bedeutung und Kontinuität. In der Gegenwart vergehen sie, während sie geboren werden. Doch wie ist das jemals zu verstehen?

Nichts wird geboren.
Nichts stirbt.
Alles ein Traum.

Zeit, Rhythmus und Gegenwart

Im Lauschen in die Gegenwart wird spürbar, dass Zeit und Rhythmus in ihr als geschehende Phänomene erscheinen und aufgehoben sind. Sie geschehen als sie selbst in der Gegenwart, Zeit als Zeit und Rhythmus als Rhythmus. Dabei fließt Zeit meist rhythmisch: Einatmen, Ausatmen, Pause. Morgendämmerung, Abenddämmerung, Nacht. Schneerose, Tulpe, Sonnenblume und Aster. Geburt, Adoleszenz, Erwachsensein, Alter, Tod.

Auch in unserem persönlichen Leben erscheint die in der Gegenwart fließende Zeit rhythmisch: Das Auf und Ab in unserem Befinden, mal voller Energie und mal träge, lustvoll und lustlos, gesellig und zurückgezogen, schmerzvoll und freudig, und viele Rhythmen mehr. Gleichzeitig fließt die Gegenwart in der Zeit, durchströmt sie, erfüllt sie und gibt ihr ihre Lebendigkeit.

Der Rhythmus der Zeit ist der Rhythmus der Vergänglichkeit: auftauchen – versinken, Form annehmen – sich auflösen, Ich werden – als Ich sterben. Und auch das manifest Lebendige erscheint in Rhythmen: das vibrierende Licht, die Klangwellen, die Schwingungen der Elementarpartikel und der Kraftfelder, Fruchtbarkeitszyklen, und selbst das Wetter. Wenn es gelingt, sich den natürlichen Rhythmen des Lebens hinzugeben, sich von ihnen tragen zu lassen, sind sie heilend und stärkend für unser Dasein. Sie wiegen uns, geben uns Sicherheit und Vertrauen und sagen ja. Von Rhythmen getragen, geschehe ich mit der Zeit in der Gegenwart.

Von Gegenwart erfüllt,
verwandle ich mich –
zu Licht.

Noch einmal soll es deutlich werden: Es gibt nur die Gegenwart. Dies ist eine Tatsache, die allen Denkargumenten gegenüber standhält. Das Denken beißt sich sämtliche Zähne daran aus und kann sie doch nicht begreifen. Seine Logik zerbricht.

In der Gegenwart haben wir keine Bedeutung. Bedeutungsvoll werden wir erst, wenn Zeit als Wirklichkeit erscheint, indem das Gedächtnis aktiv wird. Es ist äußerst schwierig, diesen Zusammenhang mit Worten einsichtig zu machen, da es so paradox erscheint, dass Zeit in der Zeitlosigkeit das Spiel von uns spielt. Doch in jedem Augenblick gehen wir zu Ende und werden zu Erinnerung. In dieser Erinnerung sind wir statt Gegenwart ein Film.

Einbildung
bist du
und doch wirklich.

Wie eine Form,
die kommt und geht.
Du Fließgestalt
im Strom der Zeit.

Jetzt
bist du
ein ewiges Lied,
ein heller Klang
im vielstimmigen Chor.

Blume unter Blumen
bist du.
Einmalig,
und doch
mir ganz gleich.

Bewegt sind wir
zusammen,
beatmet,
und beseelt.
Schmetterlinge,
die fliegen lernen
im All.

Unsere Blindheit

Gegenwart bedeutet immer volles Angenommensein und deshalb Frieden, egal was geschieht. Selbst der Krieg, unser organisiertes Morden, ist in der Gegenwart in Frieden. Nur – wer sie spürt, würde ihn nicht führen. Denn wie kann ich jemand anderen erschießen, wenn der andere ich bin? Das zeigt uns, wie total wir Menschen in die Irre und blinde Verwirrung geraten sein müssen.

Nur so ist es möglich, dass ich voll Hass und im Bewusstsein, Rechtes und Gutes zu tun, mir Sprengstoff um den Bauch binde, um an einem Sonntagnachmittag irgendwo möglichst viele andere gemeinsam mit mir in die Luft zu sprengen. Und dabei noch zu glauben, dass ich durch meine Tat ins Paradies komme. – Oder, dass ich mit meinen Beratern vom Geheimdienst und aus der Politik in meinem Büro sitze und im Detail entscheide, wie ich ein mir fremdes Land mit der Mordmaschinerie des Militärs besetzen kann – ohne Rücksicht darauf, wie viele der dort beheimateten Menschen umgebracht werden. Nur um noch mehr Macht, noch mehr Geld und – wie ich meine – noch mehr Sicherheit zu haben. – Oder, dass ich aus Überzeugung beschließe, eine gewisse »Rasse« menschlicher Wesen müsse ausgerottet werden, und ich sie deshalb zu Millionen in präziser Systematik in die Gaskammern schicke und ermorde.

So bin ich und so bist du! Wir sind so, obwohl wir nur Einbildung sind. Muss da nicht ein Schrei durch die Menschheit gehen: »Wie ist das möglich?«

Es ist möglich, denn wenn ich am Sonntagvormittag ganz friedlich aufstehe und meiner Frau ein gemütliches Frühstück mache, oder wenn Sie mit Ihren Kindern in die Kirche gehen oder zum Baden fahren, sind wir beide fest davon überzeugt, dass es uns als gesonderte »Ichs« in dieser Welt gibt, die ganz normal und ohne aufzufallen ihr eigenes Leben führen. Weil wir beide meinen, unabhängig voneinander tun zu können, was wir tun, und weil wir beide glauben, mit all dem Schrecklichen auf dieser Welt nichts zu tun zu haben.

Es ist möglich, weil das Gerüst unserer Identität so fest ist und die Schale darum so dicht und hart, dass wir nicht spüren, dass wir flüssig sind und die Zellen der Ermordeten und der Mörder in unserem Blut fließen. Es ist möglich, weil wir gelernt haben, unser Ich und unsere persönliche Welt so sehr zu verteidigen, dass unsere Herzen eng wurden und wir den Atem aller anderen nicht mehr als unseren eigenen spüren. Und dennoch ist eindeutig klar: Im Jetzt sind wir eins. – Es ist eine erinnerte Einbildung und Indoktrination, dass mein und Ihr Leben voneinander getrennt und eigenständig sind.

Aber – und das ist die einzig wichtige Frage für die Menschheit – wie kommen wir von dort nach hier? Wie können wir das Zusammengehören von allem als Wirklichkeit erfahren?

Auch die grässlichste Tat ist in der Gegenwart geboren – zusammen mit all dem Schreien, den Wunden und dem Blut. Trotz all des Terrors und Leids sind sie in der Gegenwart aufgehoben und zu Hause. Auch der verarmte Einsame mit seinem letzten Stück Brot oder der entstellte Kranke in seinem endlosen Leid sind als Gegenwart lebendig und von ihr durchströmt. Alle Schrecken des Krieges, der Macht, des Elends und der Krankheiten sind genauso lebendig und wirklich als Schwingung der Gegenwart wie alles andere. Das heißt, sie sind in ihrem Sosein voll und ganz angenommen und dadurch in Frieden. Aber wir spüren es nicht. – Wir spüren auch in unserem ganz normalen Leben den wirklichen Frieden der Gegenwart fast nie und sind deshalb als Menschheit dort, wo wir heute sind.

Verlaufen habe ich mich
in dieser Welt.
Ich irre in der Irre
und finde keinen Ort,
endlich zu ruhen.
Ich taste umher
wie ein Blinder
auf der Suche
nach dem verlorenen Licht.

Wie lässt sich diese Fiktion des Ichs und seines Gefängnisses so beleuchten, dass sichtbar wird, was sie sind?

Was kann so an unseren Mauern rütteln, dass wir aufwachen, um erschüttert zu sehen, dass wir blind sind?

Was kann uns so direkt und vollkommen im Herzen berühren, dass wir überfließen von Mitgefühl und die Augen öffnen – zum Wunder der Gegenwart?

Ich – eine Einbildung im Jetzt

Alles wird erschüttert, alles!
Mein Leben: eine Einbildung.
Meine Vergangenheit: eine Einbildung.
Meine Familie: eine Einbildung.
Mein Körper: eine Einbildung.
Mein Wollen und Nicht-Wollen: eine Einbildung.
Meine Zukunft: eine Einbildung.
Mein Tun: eine Einbildung.
Ich: eine Einbildung.

Was ist eine Einbildung?

Es ist ein Bild, ein inneres Bild. Doch was ein Bild zeigt, ist nie das, was ist. Es ist eben ein Abbild, eine Übersetzung, eine Deutung. Und Deutung ist nicht die Wirklichkeit. Sie ist abstrahiert und atmet nicht das Lebendige selbst. Nur im Lebendigen selbst ist das Leben wirklich spürbar. Das Abbild ist eine das Fließende verfestigende Konstruktion.

Wie dies begreifen? Wie es so sehr erfahren, dass es uns in Fleisch und Blut übergeht? Wie es so spüren, dass wir es nie mehr vergessen und es das Wichtigste wird, was wir unsere Kinder lehren? Voraussetzung ist sicherlich ein brennendes Interesse, das so intensiv ist, als würden wir vor einer Flutwelle um unser Leben rennen. Ein Zusammenbruch aller anderen Wichtigkeiten, Werte und Prioritäten scheint notwendig. Eine Erschütterung bis tief ins Mark, wenn der Vorhang sich auch nur einmal einen Spalt weit öffnet.

Gelassen im Sein,
lassen wir uns voreinander
nicht sein.
Wir erstarren zum Bild,
wir kleiden uns an,
wenn wir erkennen,
dass wir nackt sind.

Meditation

In der Stille des Äußeren der Bewegung des Inneren lauschen: In der Meditation ist die Achtsamkeit darauf gerichtet, Gegenwart in allen Erscheinungen zu spüren und immer wieder in der Gegenwart zu verweilen. Es kann deshalb ein Missverständnis sein, wenn man versucht, bestimmte Erscheinungen im Bewusstsein zu vermeiden, und zum Beispiel nicht zu denken. Vielmehr geht es darum, Gegenwart auch noch während des Denkens zu spüren. Dann wird das Denken von der Gegenwart berührt und durchspült. Es wird klar wie ein Kristall.

Begegnung im Jetzt

Das Jetzt löscht uns als bekannte Identitäten aus, und wir sehen einander als Präsenz. Obwohl wir noch immer einmalig und unterschiedlich sind, erkennen wir ineinander dasselbe: die Gegenwart. Wenn einer von uns beiden das vergisst und von einem Identitätsfilm absorbiert wird, sieht der andere ihn noch immer als Gegenwart, und sein Blick kann ihn erinnern und aufwecken. Doch auch, wenn er momentan nicht erreichbar ist, weil der Film zu dicht und zu intensiv ist, fühlt der andere sich nicht von ihm getrennt. Mitgefühl und Verständnis sind seine Antwort.

Es gibt keinen Weg heraus.
Es gibt keinen Weg hinein.
Es ist.

Wir tragen jeder unser eigenes Kino durch die Welt. Manchmal ist das auch für die anderen sichtbar, oft nur für uns selbst. Gemeinsam sitzen wir als getrennte Filmtheater in der Gegenwart.

Blasse Sonne.
Abschied naht,
wie das Meer
am Ende des Flusses.

Sinkend versinken
wie ein fallendes Blatt
in die offenen Arme
des Raums.

Das Vergessen vergessen,
das Sein vergessen.
Alles
hört auf.

Ein Herzrosenblatt
fällt neben mich.
Ein Rosa,
von dunkel bis hell.
Seine Zeit
ist vorbei.

Gedankenblasen

Warum glauben wir nur unseren Gedanken so sehr, wenn sie über uns reden und uns malen mit Vergangenheit? Dabei sind sie nichts als Luftblasen, ziehende Wolken aus Schaum. Kommen, gehen und blasen sich auf, verkleidet in einem alten Kostüm. Zauberkünstler sind sie und erschaffen mich selbst. Geschehen lassen, ziehen lassen. Der weite Himmel ist unberührt von den Wolken, die ihn verdecken.

Weben
Weben
Wirklichkeit weben.

Schweben
Schweben
Als Wirklichkeit schweben.

Entstehen
Vergehen
Im Vergehen entstehen.

Gehalten von Nichts.

Sich selbst zuschauen

Es bedarf ständiger Übung, zu erkennen, dass fast alle unsere menschlichen Probleme darauf beruhen, die Inhalte unseres Denkens für die Wirklichkeit zu halten, für etwas, das stimmt. Wir nehmen es ernst und nehmen uns dadurch ernst. Wir sehen nicht den Prozess des Denkens, seine Sprunghaftigkeit, seine Abhängigkeit von Stimmungen, Umgebung und Assoziationen, seine Inkonsistenz und Diskontinuität, seinen spielerischen Charakter. Und selbst wenn wir es sehen, glauben wir dem nächsten Gedanken dann doch wieder, besonders, wenn er uns emotional berührt. Unsere Befindlichkeit und unser Denken tanzen so miteinander den ganzen Tag. Das ist unser normales Leben, das sind wir.

Bewusstes Üben besteht darin, dem zuzuschauen, ohne zu bewerten oder zu beschreiben – in einer gelassenen Achtsamkeit, die nichts will. Denn sie erzeugt Distanz und Raum, die das Gewicht der Inhalte relativieren. Ein so annehmendes Nicht-Wollen als natürlicher Daseins-Geschmack ist wesentlich, denn Wollen wäre nur wieder ein anderer Denkinhalt. Wenn dieses Mitgehen und Annehmen einem vertraut werden, kann ein Ebenenwechsel in fast jeder Situation geschehen. Es ist der Wechsel vom identifiziert Sein zum Geschehenlassen. Das »Ich« erzeugende Denken hört dadurch zwar nicht auf, aber es wird spielerischer und luftiger. Das Verhaftetsein an die Bedeutung seiner Inhalte verliert an Kraft.

In einer solchen Schau wird ganz deutlich, wie das Empfinden von Ich-Kontinuität entsteht und wie wenig verlässlich es ist. Es basiert wesentlich auf ständigen Projektionen des Denkens, auf Beschreibungen über mich und mein Tun in der Zukunft. Das aus Vergangenheit bestehende Ich wird als Handelnder in eine Zukunft projiziert, die es in der Gegenwart nicht gibt. Die Diskrepanz zwischen dem Jetzt und diesem Film ist für das gelassene Schauen unübersehbar. Der Film ist wie ein Vogel, der vorbeifliegt, interessant und belustigend, aber kaum von Bedeutung. Das Ich ist ein Gemälde, das ständig gemalt wird, und ein Clown.

Nebenan,
auf der anderen Seite
der Unendlichkeit,
schaust du dich selbst
in der Gezeiten Flut
oder dem Glanz der Sterne
und im tiefen Rot
des vergehenden Lichts.

Du schaust dich an
wie ein Kind ein Geschenk
und verlierst dich darin.
Ob Nacht oder Tag,
du fliegst mit dem Wind
und atmest den Duft
der vergänglichen Zeit
im luftigen Spiel.

Ahnungslos
bist du,
als er dann kommt,
der wirkliche Tod.

Über die Wahrnehmung

Es ist faszinierend, sich mit der Wahrnehmung von Nichtsehenden zu beschäftigen. Ist jemand von Geburt an blind und wird durch eine Operation sehfähig, kann er damit zunächst nichts anfangen. Zwar projiziert der Sehnerv nun Eindrücke in die Hirnrinde, die dem Betreffenden auch bewusst werden. Doch er weiß nicht, was er sieht. Er muss das Erkennen erst lernen.

Dies könnte ein weiterer Hinweis darauf sein, dass die Welt nicht so mit eindeutig voneinander getrennten Objekten besiedelt ist, wie wir meinen, sondern dass uns erst beigebracht wurde und wir gelernt haben, die Welt zu sehen, wie wir sie sehen. Demnach wäre dann die für uns sichtbare Welt eine Interpretation des durch die Augen Gesehenen, eine in gewisser Hinsicht abstrahierende Eigenkreation des wahrnehmenden Organismus.

Interessant ist auch, mit einem weichen, unfokussierenden Blick zu experimentieren. Er führt zu einer fast magischen Verwandlung der Welt. Bewegung von etwas, zum Beispiel Blättern und Zweigen, wird zu einem Fließen im Raum. Gleichzeitig scheinen diese Formen selbst durchströmt zu sein, als sei die Form nur ein Gewand, in dem Energie fließt und tanzt. Das Sein tanzt in den Dingen. Nicht-Form in der Form, Form in der Nicht-Form, miteinander und zugleich. Alles Feste löst sich auf. Eine flüssige Wirklichkeit.

Wenn wir, ohne zu fokussieren und zu benennen, mit allen Sinnen gleichzeitig lauschen, fließt alles in Eines, und das Wissen endet.

Was ist Wasser?

Es gibt nicht *das* Wasser! Die Erscheinung dessen, was mit dem Wort »Wasser« bezeichnet wird, ist für jeden Wahrnehmungssinn etwas völlig Unterschiedliches und Unvergleichliches.

Das gesehene Wasser ist wie fließendes Licht, durchsichtig, gleißend, schäumend, klar oder trüb. Schnell strömend oder stillstehend, Wellen bildend, Strudel, Kreise oder glatt wie ein leuchtender oder grundloser Spiegel. Glitzernde Tautropfen auf dem Morgengras, ein Regenschauer über dem Land.

Das mit den Händen oder dem ganzen Körper gefühlte Wasser vermittelt die Empfindung von Nässe, Kühle, flüssig, durchgleitfähig, reinigend, tragend, erfrischend. Mit geschlossenen Augen ist es eine ganze Welt für sich, von einer völlig anderen Qualität: nicht Form, sondern Empfindung.

Das tönende Wasser wiederum ist ein ganz anderes Universum. Der Klang des Wassers, Wassermusik: Rauschen, Sprudeln, Gluckern, Strömen. Das Zurückgleiten der Wellen auf einem kiesigen Strand oder das Brechen am Fels. Regengüsse, das Tropfen eines Eiszapfens. Das Geräusch des Wassers beim Wässern der Blumen oder beim Spülen.

Wasser trinken, Wasser riechen. Das Wasser des Meeres in Nase und Mund. Ein Glas kaltes Wasser nach schwerer Arbeit. Das Empfinden, Wasser zu schlucken. Der Geruch stehenden, fauligen Wassers. Der Duft nach dem lange erwarteten Regen.

Mit allen Sinnen wird Wasser so als Wasser erkannt und ist doch etwas ganz Unterschiedliches. Die Welt des einen Sinnes kann die Welt des anderen nie und nimmer erfassen. Nur durch die Zuordnung zur selben Quelle und zum selben Wort fügen sich diese Welten zusammen zum scheinbar Selben. Dasselbe Wort wurde also vielen verschiedenen Wahrnehmungen gegeben. Und durch die aus dem Gedächtnis kommende Benennung scheint es dasselbe zu sein.

Was aber ist Wasser nun wirklich, und *wo* ist es? – Ist es im Auge, in der Sehrinde oder in den Teilen des Kortex, die für Hören oder Tasten zuständig sind, oder vielleicht dort, wo das Erkennen der Signale stattfindet? Dann wäre es gleichzeitig an verschiedenen Orten. – Oder ist es »da draußen«? Aber wenn es da draußen ist, wie bewirkt es dann so völlig unterschiedliche Erlebniswelten? Und was ist die Rolle der Sinne dabei, was machen sie mit dem, was draußen ist? Wie können wir jemals wissen, was da ist, wenn jeder Sinn es völlig anders übersetzt und vermittelt, ihm jeweils einen anderen Inhalt, eine andere Bedeutung gibt?

Diese Fragen gelten natürlich nicht nur für das Wasser, sondern für alles, von dem wir glauben, es irgendwo und als irgendetwas wahrzunehmen. – Eine Rose erblicken, eine Rose riechen: zwei einmalige, vollkommene Welten.

Können wir etwas Existierendes jemals als gewusst festschreiben, wenn uns nur die Sinne als Vermittler gegeben sind? Denn selbst die von uns erfundenen Messinstrumente schauen immer aus einer bestimmten Perspektive und erfassen nur zuvor bestimmte Parameter. Vielleicht sollten wir es so ausdrücken: Es gibt etwas, und die Sinne vermitteln es in der ihnen eigenen Weise. Sie schöpfen aus dem, was ist, und gestalten dann – als lebendigen Schöpfungsakt – eine aus ihrer Qualität bestehende Erscheinung im Bewusstsein. So sind die Sinne aktiver Teil des Schöpfungsspiels und Schöpfungstanzes. Doch auch die Sinne können nur etwas als Bekanntes »erschaffen«, das als Konzept oder Abbild bereits im Gedächtnis gespeichert ist. Darauf weist die Legende über die Ureinwohner Mittelamerikas hin, die die Schiffe von Kolumbus nicht »sahen«, weil es in ihrem Bewusstsein dafür keine Repräsentation gab.

Auf dem grundlosen Meer tanzen die Wellen
die Welt als tanzende Wirklichkeit.

Unter mir trübes Wasser,
das milchig spiegelt.
Rechts und links
strömender Klang.
Dazwischen
der laute Gesang
der Grillen.
Ich weiß nicht,
was ist.
Ich bin gebadet
in Nichts,
das alles ist.

Die Sinne

Was meinen wir mit dem Wort »Sinne«, und welcher Sinn nimmt die Sinne wahr? Die Sinne bestehen neben ihren anatomischen Bausteinen offensichtlich aus den in und von ihnen erzeugten Erscheinungen. Unsere wahrgenommene Welt besteht deshalb aus Sinneswelten, aus dem Inhalt der Sinne. Auch wenn die Hirnforscher noch so viel über die Vernetzung und Verschaltung der Hirnzellen und die Synchronizität von Erregungszonen und -feldern während der Wahrnehmungsprozesse im Gehirn entdecken, sagt dies nichts darüber aus, was es denn ist, das wahrgenommen wird, und wer es ist, der es wahrnimmt.

Dabei ist interessant, dass auch in neueren neurobiologischen Untersuchungen klar wurde, dass lebendige Organismen nicht stereotyp äußere Erscheinungen »wahrnehmen« und in festgelegter Weise auf sie antworten. Ein Außenreiz führt vielmehr zu einer intensiven neuronalen Aktivität, die ganz unterschiedliche innere Muster und Reaktionen hervorbringt, von denen schließlich eine als »Antwort« auf den Reiz dominiert und als Verhalten sichtbar wird. Das heißt, der »Reiz« wird durch innere Schöpfungsprozesse in ganz unterschiedlichen, möglichen Formen »erkannt«, bevor sich eine von ihnen als augenblicklich stabile »Wirklichkeit« herauskristallisiert.

Wir können dieses Phänomen manchmal im Zwielicht bemerken, oder wenn wir unsere Fernbrille vergessen haben. Etwas fällt ins Auge, und wir wissen nicht gleich, was es ist. Verschiedene Interpretationen wechseln sich ab und werden uns als Erkennungsmöglichkeiten des Gesehenen bewusst. Oft müssen wir ganz nah herangehen, bis plötzlich eine der Interpretationen als Wirklichkeit einrastet – wie in einem Aha-Erlebnis. Ähnliches geschieht beim Betrachten von so genannten Kippbildern, wenn durch unterschiedliches Fokussieren und eine unterschiedliche »Einstellung« die Wahrnehmung zwischen zwei ganz verschiedenen Wirklichkeitsbildern hin und her springt.

Das Mysterium der Wirklichkeit wird also auch für die Wissenschaftler immer größer. Es ist ein unendliches Geheimnis. Weder das Denken und die Sprache mit ihren Worten und Begriffen, noch die Sinne mit ihren verschiedenen und unterschiedlichen Qualitäten können dieses Geheimnis wirklich enthüllen. Sowohl im Denken als auch in der Sinneswahrnehmung geschieht ein Vermittlungs- oder Übersetzungsprozess, eine eigene Schöpfung. Die Quelle bleibt in dieser Schöpfung verborgen und ist dennoch in ihr anwesend. Wir sind in ihr, ohne sie begreifen zu können. Was ist, gibt es weder noch gibt es es nicht. Keine Kategorie kann es berühren.

Formen

Eine Form ist ein Tanz. Die Moleküle tanzen und die Atome. Die Elementarteilchen, aus denen sie aufgebaut sind, tanzen, und ebenso die Elementarwellen in ihrer elektromagnetischen Schwingung. Kraftfelder tanzen in Kraftfeldern, Sichtbares in Unsichtbarem, und überall Information und Intelligenz. All dieses tanzt in einer Leere und als erfüllte Leere. Dabei sagt jede Form, rein durch ihr Dasein: »Hier bin ich, ich bin ein Ausdruck der Gegenwart.«

So befindet sich jede uns als lebendig erscheinende Form, jeder Organismus in einem Schwebezustand, der Ausdruck eines Balanceaktes ist. Sie sind komplexe Schwingungsgebilde mit unterschiedlichsten Anteilen und Funktionen. Diese werden – wie manche Biologen sagen – durch die natürlichen Formkräfte und durch die Information der Gene zu einem vorübergehend spezifischen Lebewesen zusammengefügt und zusammengehalten, das in Selbstorganisation eine gewisse Autonomie hat. Doch gleichzeitig lebt es in beständiger Kommunikation und beständigem Austausch mit seiner Umgebung. Die kleinsten Teilchen und selbst die Moleküle wandern als Nahrung von einem Wesen zum anderen und tragen vorübergehend zu seiner Struktur bei. Die Körperzellen werden ständig auf- und abgebaut, und so vermischen wir uns fortwährend miteinander in unserer physischen Gestalt.

Doch irgendwann reicht die »persönliche Zusammenhaltekraft« nicht mehr aus. Die Struktur wird instabil, der Organismus und die Form lösen sich auf. Alles, was sie ausgemacht hat, steht nun wieder zur Verfügung für einen neuen Schöpfungsakt. Fließende Übergänge, fließende Verwandlung. Nur die Lebendigkeit, die Präsenz der Präsenz ist immer da.

Denkformen

Vielleicht ist es da nahe liegend, auch die Denkgebilde und die Sprache in ähnlicher Weise als Wandlungsprozesse von Formen zu sehen. Auch hier gibt es ein Grundmaterial aus Lauten, Worten, Bedeutungen und bestimmten, formbildenden Regeln und Gesetzen. Sie fügen aus den Lauten bestimmte Satzgebilde, die im Zusammenhang mit ihrer Umgebung und ihrem Kulturkreis vorübergehend einen Sinn und eine Kommunikation bewirken. Auch hier zeigt sich ein Tanz des Wortschatzes, der Grammatik und des assoziativen Gedächtnisses. Auch dieses ist ein Naturgeschehen wie das Erblühen der Nachtkerze oder ein heraufziehendes Gewitter.

Als solche gehören die Wortgebilde niemandem. Sie laufen dahin und vergehen. Jedes gedachte Ich ist eine neue und kurzlebige Welt. Genau wie die Zellen wird auch das Ich im Denkprozess ständig zerstört und neu aufgebaut. Da dieser Prozess so schnell und immer wieder nach denselben Regeln abläuft, entsteht – wie im Körper – das Empfinden einer kontinuierlichen Identität. Ichform und Körperform jedoch kommen und gehen und werden aus immer wieder neuem Material gebaut – so ähnlich wie eine stehende Welle. Doch der innere Bauplan und die Selbstorganisationskräfte verleihen beiden ein sich scheinbar nur langsam wandelndes Aussehen, bis auch dieses im Tod zerfällt.

Flüssiges Glas,
Windblasen.
Im Licht
reflektieren sie
Welt.

Wenn das Feste flüssig wird,
und das Flüssige zerstäubt:
Millionen Tropfen
atmen im All.

Wissen und Nicht-Wissen

Wie kommt es, dass wir uns dennoch so sehr auf das Wissen verlassen, auf die dem Wissen bekannte Wirklichkeit? Was gibt unserem Wissen seine große Kraft und Sicherheit?

Zum einen wohl die Tatsache, dass uns seit Jahrtausenden und von einer Generation zur nächsten die Welt in der bekannten Weise beigebracht wird. Seit jeher hat unser Gehirn in sich zwar verändernder, aber doch ähnlicher Weise gelernt, so zu wissen, wie wir wissen, und die Welt so zu sehen, wie wir sie sehen. Muss es da nicht überzeugt sein, dass dies die einzig richtige und mögliche Weise ist? Durch milliardenfache Gewohnheit ist diese Überzeugung dem Gehirn zutiefst eingebrannt, und sie wird in allen Erziehungsprozessen und in jeder unserer Interaktionen ständig bestätigt und vertieft.

Dennoch können wir uns nicht der Tatsache verschließen, dass die Sicherheit unseres Wissens begrenzt ist und es zwei Bereichen gegenüber komplett versagt: dem Tod und der Gegenwart. Es ist wohl die größte Unsicherheit in unserem Leben, dass wir wissen, dass wir sterben müssen und nicht begreifen können, was das heißt: eine ständige Bedrohung in uns, die im Hintergrund lauert. Wir erleben die Vergänglichkeit unseres Lebens von Tag zu Tag. Kaum haben wir uns auf etwas gefreut, ist es schon vorbei. Und auf alten Fotos erschreckt es uns, zu sehen, wie jung wir einmal waren. Aber was ist wirklich das Ende? In den Abgrund des Nicht-Wissens, den der Tod bedeutet, schauen wir nur selten. Eine Ahnung steigt von dort auf, die unser gesamtes Wissensgebäude ins Wanken bringt. Eine Ahnung der Tatsache, dass es eine Welt geben kann ohne mich.

Alles muss ich lassen,
Geliebte.
Alles!
Selbst du
löst dich auf.

Nicht Sein,
nicht Nicht-Sein,
nicht Nichts.

Das Gleiche gilt für die Gegenwart. Auch sie ist nicht zu wissen, denn es gab sie ja noch nicht. Sie ist immer neu wie ein unbekanntes Land. Die Gegenwart zu spüren, ist wie ein Sturz aus dem Wissen in das Nicht-Wissen. Instinktiv klammert sich alles an das Bekannte. Alles drängt darauf, die Gegenwart in Wissbares und Gewusstes zu verwandeln. Es ist wie eine Felsklippe oder ein Spalt, der sich auftut. Der nächste Schritt führt in das Nichts.

Erst wenn er getan ist, stellt sich die Frage der Sicherheit und des Wissens nicht mehr. Nicht-Wissen mündet in die Arme des Nicht-Wissbaren.

Nichts mehr wissen.
Nichts mehr
verstehen wollen.
Geschehen lassen,
was geschieht.
Die Pläne vergessen,
die Zukunft vergessen,
sich selbst vergessen,
am Bach.

Bewusstes Geschehen

Ich bin Geschehen

Alles verändert sich, wenn klar wird, dass die Ich-Prozesse nicht von einem eigenständigen Ich erzeugt oder gestaltet werden, sondern dass sie im Geschehen geschehen. Obwohl er untrennbarer Bestandteil der jeweils geschehenden Ich-Bilder und Ich-Beschreibungen ist, gibt es den Denkenden und Handelnden als solchen nicht. Der Denkende ist das Gedachte und der Wahrnehmende das Wahrgenommene. Niemand Gesondertes tut etwas, sondern es gibt nur geschehende Prozesse, die sich gegenseitig bedingen und auslösen. Dies ist keine Depersonalisierung, die entzaubert, sondern die mit der Quelle verbindet.

So wie in millionenfachen komplexen Prozessen Körperzellen aus Nahrung, Luft und Licht entstehen und dann wieder abgebaut werden, so geschehen auch die subtilsten Prozesse der Psyche. Sie geschehen nicht uns, sondern wir geschehen als sie. Wenn etwa das Empfinden von Freude oder der Geschmack von Konflikt im Bewusstsein sind, dann erscheint das Ich in dem Moment in dieser Gestalt. Körper und Geist sind darin vereint.

Es fällt uns sehr schwer, die Wirkung dieser Einsicht zuzulassen: Ich bin Geschehen. Ich geschehe so, wie ich gerade im Inneren und im Äußeren in Erscheinung trete. Ich bin Teil der jeweiligen Gegenwartsbewegung. Schlagartig verbindet mich diese Einsicht mit allem und bindet mich in alles ein. Aber gleichzeitig ist es auch wie eine Auflösung, als würde mir plötzlich das Steuer aus der Hand genommen. Ich schwimme nicht mehr, sondern ich bin das Schwimmen. Obwohl ich das Gefühl habe, selbst zu entscheiden, handelt in »meinem Tun« das geschehende Leben.

Dieser Doppelaspekt unserer scheinbaren Existenz ist höchst ungewöhnlich und verwirrend; er entzieht sich dem logischen Begreifen. Wie kann ein Subjekt gleichzeitig ein Objekt sein und ein Verb, ohne dass die drei Unterschiedliches sind? Ich = ein geschehendes Geschehen. Dies zuzulassen führt in eine Art Schwebegleichgewicht, eine subtile Balance, die darin besteht, es auszuhalten, gleichzeitig definiert und undefiniert zu sein.

In diesem schwebenden Balanceakt geschieht augenblicklich ein Absturz, wenn das Denken ihn zu greifen sucht. Panik oder Verwirrung entstehen oder abwehrende Denkschleifen. Aber wenn der sinnlose Versuch des Begreifens aufgegeben wird, ist dieses Im-Fluss-Sein äußerst harmonisch und natürlich.

Ganz oben,
fast bei den Wolken,
das schwebende Kreisen
zweier Bussarde.
Majestätisch ihr Flug,
wie Boten der Kraft.
Als ich sie zeigen will,
sind sie entschwunden.

Wer nimmt wahr?

Als Nächstes fragt das Denken, wer denn dieses Geschehen wahrnimmt und wieso es überhaupt bewusst ist, wenn ich nicht der Wahrnehmende bin. Eine Antwort ist schwierig, wenn sie nicht erneute Denkverwicklungen auslösen soll. Denn die Gefahr besteht, dass durch die Verwendung eines neuen Wortes wie etwa »Bewusstheit« wieder die Illusion eines Subjekts entsteht, die Illusion, dass es ein Etwas gibt, das diese »Bewusstheit« hat. Dann würde das Wort »Bewusstheit«, oder die häufig benutze Formulierung »Zeuge« einfach nur das Wort »Ich« ersetzen.

Beim Hinspüren zu dieser Frage fallen mir Untersuchungen über Bienen- und Ameisenvölker ein. Diese Völker leben in komplexen Koordinationsprozessen in höchster Harmonie, ohne eine »zentrale Befehlsstruktur«, ein zentrales »Ich« und ohne Abhängigkeit von individuellen Mitgliedern. Denn diese können jederzeit ersetzt werden, ohne dass die innere Ordnung mit ihrer Rollenverteilung verloren geht. Es herrscht also eine unbegreifliche und materiell nicht lokalisierbare »Bewusstheit«, ohne ein Zentrum. – Überhaupt sind die äußerst komplexen Koordinationsprozesse in der Natur, im menschlichen Körper oder im Universum ohne eine überall anwesende Bewusstheit oder Intelligenz gar nicht vorstellbar oder erklärbar.

So kann auch für uns Menschen tastend gesagt werden: Der Zeuge des Geschehens ist eine Bewusstheit, die niemandem gehört und kommentarlos ist. In dieser Bewusstheit mit ihrer Intelligenz, die sozusagen eine Eigenschaft des Geschehens selbst ist, ist das Ich mit all seinen Prozessen als geschehende Gegenwart sichtbar. Wie der fließende Klang des Baches und der strömende Atem sind die Denkinhalte, wenn sie da sind, als Geschehen in der Achtsamkeit bewusst. Eine solche Achtsamkeit ist in natürlicher Weise immer mit der Gegenwart verbunden, sie ist einer ihrer untrennbaren Aspekte.

Die Vorstellung, dass wir uns unserer selbst entledigen müssen, um in die Gegenwart zu kommen – das Konzept des Ego-Todes –, ist somit absurd. Denn es enthält weiter die Vorstellung von einem Handelnden, der etwas tun kann, um sich selbst aufzulösen. Tatsache ist vielmehr: Das Ego ist ein Naturprozess im Jetzt, der manchmal sehr aktiv ist und manchmal fast verstummt, der aber nie im Gegensatz zur Gegenwart steht. So beeinflussen die Egoprozesse zwar den »subjektiven« Bewusstseinszustand, aber sie sind immer Teil des Ganzen. Die Verbannung aus dem Paradies ist eine Illusion.

Der Blick in den Himmel
in mondloser Nacht.
Millionen Sonnen im All.
Dazwischen das Dunkel,
der Raum im Raum,
der uns trägt.

Sternschnuppen fliegen.
Wie kurz ist ihr Leben,
wenn sie leuchtend verglühn.
Staunendes Schauen.
Fraglos versunken
im großen Ja
der Geborgenheit.

Bewusstsein

Bewusstsein ist die Sichtbarkeit des Unsichtbaren.
Bewusstsein ist das Gewahrsein des Seins.
Es ist ohne Eigenschaft und Dimension.
Es gehört niemandem.
Es ist der Raum und das Licht, in dem alles erscheint.

Achtsamkeit

Offensichtlich hängt es von der Art der Achtsamkeit ab, in welchem Bewusstseinszustand wir Menschen uns befinden. Und es könnte sich die Frage anschließen, ob es etwas gibt, das die Achtsamkeit lenkt oder fokussiert.

Doch auch bei dieser Frage besteht wiederum die Gefahr der Wortverwirrung, da uns nicht klar ist, auf was Worte wie »Aufmerksamkeit« oder »Achtsamkeit« hindeuten.

Normalerweise springt die Aufmerksamkeit von einem zum anderen und meist zu dem, was sich durch eine bestimmte Qualität im Bewusstsein in den Vordergrund schiebt: Sinneseindrücke, Körperempfindungen, Gefühle, Denkinhalte. Oder sie wird willentlich gelenkt und auf etwas Bestimmtes fokussiert, wie beim Lesen eines Buches, bei einer komplizierten handwerklichen Arbeit oder anderen Tätigkeiten, die eine hohe Konzentration erfordern, und auch bei bestimmten Meditationstechniken.

Aber diese wandernde oder konzentrierte Aufmerksamkeit ist Teil der Ich-Prozesse und nicht identisch mit der natürlich in der Gegenwart verankerten Achtsamkeit oder Bewusstheit. Ganz im Gegenteil: Der uns gewohnten Form der Aufmerksamkeit ist der Gegenwartskontakt häufig völlig verlorengegangen. So, als sähen wir aufmerksam im Kino einen Film und vergessen, wo wir sind.

Auf diese Weise leben wir fast immer in einem unachtsamen Zustand der Gegenwart gegenüber. Erst wenn diese Unachtsamkeit zum Beispiel durch etwas unmittelbar Berührendes erkannt wird, ist Achtsamkeit da. Und dadurch verändert sich schlagartig der Bewusstseinszustand. Das Erkennen der Unachtsamkeit wird so zum Schlüssel zur Gegenwart.

Wenn die Unachtsamkeit sich ihrer selbst bewusst wird und dadurch zu Achtsamkeit führt, kann sie ohne Zögern loslassen, was sie gerade beschäftigt. In natürlicher Weise verliert dies kommentarlos an Gewicht. In Unachtsamkeit geschehen, ist es jetzt vorbei. Jetzt ist Achtsamkeit, und damit Gegenwart. Das jeweilige Handeln, sei es Denken, Spüren oder Tun, kann natürlich trotzdem weitergehen, aber die Bewusstseinsqualität, in der es geschieht, hat sich verändert.

So scheint das Wesentlichste, das wir im Leben lernen können, darin zu bestehen, dass die Ego-Prozesse und die mit ihnen verbundene Unachtsamkeit wahrgenommen werden, und dadurch von selbst eine Hinwendung zum gegenwärtigen Geschehen geschieht. Mit dieser Einsicht hängt wahrscheinlich unsere Verantwortung dem Leben gegenüber zusammen. Vielleicht ist sie wichtiger als alle Ideale und Moralvorstellungen. Vielleicht ist es die einzig richtige Antwort auf den Zustand unserer menschlichen Welt: unsere Augen zu öffnen, wach zu sein, wahrzunehmen und da zu sein, wo wir sind. Dann erscheint alles im Zusammenhang, und wir tragen bewusst dazu bei, dass Stimmiges geschieht.

Nur, wo und wie du gerade bist, kannst du sein. In diesem Moment gibt es keine Alternative.

Sanfte Berührung
am Dach des Kopfes
löst die Härte,
öffnet die Pforte –
zum All.
Es strömt hinein,
es strömt hindurch,
es trägt.

Da ist er still,
der Spiegel des Meeres.
Dunkelheit fließt,
und nirgendwo
eine Ahnung von Laut.
Alles lauscht,
alles schwingt,
vereinigt
in des Schöpfers Hand.

Alles fließt

Das Licht selber ist unsichtbar, und doch macht es alles sichtbar. Dies gilt auch für unsere Welt: Ihr Schöpfer, ihr Urgrund, ihre Quelle sind unsichtbar; nur in ihrer Schöpfung sind sie zu erkennen. Das Unsichtbare macht das Sichtbare erst sichtbar. Zeuge sein, Bewusstheit sein in dem, was ist, was geschieht. Ein Mysterium! Licht und Dunkelheit spielen miteinander und dazwischen die Farben, das Regenbogentor zwischen uns und dem Einen. Gegenwart und Zeit, Sein und Denken, das Unbekannte und das Wissen.

Besinnung, Lauschen, Denken, Empfinden – alles fließt. Die Gedanken fließen und die Böen des Windes. Fließend bewegt der Atem die Wände des Körpers. Alle Gestalten, alle Erscheinungen, alle Welten zerfließen zu Einem. Stein und Klang, Duft und Licht, Wasser und Luft, alle Dinge, Wesen und Geschöpfe und die vielfarbige Welt des Ichs.

Jeder Augenblick bringt das Seine, und jeder Moment ist neu. Was ist, ist und was ist, geschieht. Alles, alles hat Platz. Alle Nuancen, alle Gefühle, alle Formen und alle Extreme einer jeden Welt. Das Eine ist immer dabei, Anwesenheit, unberührt von allem. Jeder Moment, jeder bewusste Augenblick enthält die Gesamtinformation von allem, was je war, und ist dennoch, als er selber, eine einmalige und zeitlose Neuschöpfung ohne Vergangenheit und Zukunft. So sind Zeit und Zeitlosigkeit gleichzeitig.

Es geschieht Gegenwart, und in ihr geschieht Zeit. Formloses Fließen und die Welt der Form. Das Formlose in der Form leuchtet aus ihr als ihre einmalige Schönheit. Die Daseinsintensität der Form, ihre Präsenz ist ihre Lebendigkeit. Und das ist bei allem so, das im Bewusstsein erscheint.

Die erkannte Welt, unsere Welt, fließt in der unbekannten. Ich, mit meiner Geschichte, meinen Ängsten, Träumen, Plänen und Freuden fließe mit dir und mit allem im Unbekannten. Deshalb brauchen wir auf un-

serem Weg nichts loszuwerden. Wir brauchen nichts zu erreichen oder zu ändern. Nein, das alles sind Irrwege. Wir brauchen nur zu sehen und uns von dem berühren lassen, was ist – und die Gegenwart leuchtet.

Um zu sehen, was ist, müssen wir darauf achten. Das ist nur möglich, wenn unsere Unachtsamkeit und Blindheit sichtbar werden. Sie enden, wenn sie sich selbst erkannt haben. Und damit endet die Scheinwirklichkeit alles Gesonderten. Die Unachtsamkeit achtet auf sich selbst und hört auf, wenn sie erkennt, dass sie die Ursache allen Leides ist. Leid braucht Trennung und Zeit. Deshalb verwandelt sich in der unmittelbaren Gegenwart alles Leid in Mitgefühl, in dem sich Schmerz und Liebe verbinden.

Jetzt ist die Gegenwart. Nicht sie ist im Geschehen, sondern das Geschehen geschieht in ihr. Sie selbst besteht aus Nichts, nichts Erkennbarem. Während wir Menschen auf der Bühne unserer Welt unser Leben spielen und alle Weltereignisse inszenieren, besteht doch alles aus Gegenwart. Immer ist Gegenwart, auch während wir in der Erinnerung leben, den Geschichten, der Bedeutung und dem Film. Auch wenn wir uns verirren und bekämpfen, sind wir immer mitten im Sein.

Du bist die strömende Gegenwart,
ich bin die strömende Gegenwart,
alles fließt.

Unser Weg ist in seiner Unbegreiflichkeit der jeweils richtige. Wir werden auf ihm bewegt, bis wir erwachen oder, ohne zu erwachen, sterben. Hingabe an das Geschehen ist der einzig mögliche Schritt.

Sich rasten lassen,
Rasten und Lauschen.
Das ist die wunderbarste Hingabe
von allem.

Wir hören auf zu tun,
und der Raum öffnet sich zu uns.
Nach und nach wird alles still.
Die Bewusstheit im Raum
berührt das Gehirn.
Mit ihr kommt die Gegenwart
in ihrer Fülle und Leere.

Der verlorene Sohn
ist heimgekehrt.

Vom Lebensfluss getragen,
fließt zauberhaft leuchtend
ein Rosenblatt
dahin,
und entschwindet.

BRÜCKEN ZUM ALLTAG

Unmittelbare Wirkungen

Fast ausnahmslos empfinden Menschen, die an einer Schweigezeit in der Gruppe teilgenommen haben, oder auch nach einem persönlichen Rückzug allein in der Natur, eine große Bereicherung und Dankbarkeit. Es gibt keine großen Worte darüber zu verlieren, weil es sich ganz natürlich und einfach anfühlt: eingekehrt sein zu sich selbst und zu Hause sein in allem, was da ist, was die Natur uns gibt und in uns auslöst. Eine solche Erfahrung kräftigt, heilt Wunden, löst Konflikte und bringt mehr Raum und mehr Gelassenheit im Denken und Fühlen.

Eigentlich versteht man gar nicht, warum einem im Alltag der Kontakt zu diesem einfach Sein so häufig verloren geht, warum man sich verwickelt, verwirrt und übermäßig anstrengt, und warum sich vieles oft eng anfühlt. Aber schon in den ersten Begegnungen mit der Welt und der so genannten »Normalität« merkt man, dass und warum es nicht ganz so einfach ist: Der innere Rhythmus und die Geschwindigkeit haben sich durch das Schweigen verändert, und vor allem ist eine starke Sensibilisierung geschehen, die den gesamten Organismus empfindlicher gemacht hat und ihn feiner schwingen lässt. Deshalb entwickelt man möglicherweise schon am Hauptbahnhof oder bei den ersten Abendnachrichten das Gefühl, all das kaum aushalten zu können, und fragt sich fast mit Panik, wie man mit all dieser Hektik, dem Lärm und der Fülle grober Eindrücke umgehen soll.

Auch in den ersten Begegnungen mit der Familie oder am Arbeitsplatz kann man sich merkwürdig fremd fühlen, weil eine Werteverschiebung eingetreten ist. Was den anderen sehr wichtig erscheint, kommt einem gar nicht so wichtig vor, und umgekehrt. Auf der anderen Seite kann es aber auch sein, dass man Partner, Kinder, Freunde und Arbeitskollegen ganz anders sieht und ihnen anders begegnet. Man spürt mehr das Eigene der anderen, ihren Wesenskern, der sich hinter dem oft aufgesetzten oder automatischen Verhalten versteckt. Man sieht Zerbrechliches, Verwundbares, Kostbares. So wird der Umgang mit ihnen ganz natürlich achtsamer, verständnisvoller, direkter und liebevoller. Mehr Berührung im Emotionalen und auch Körperlichen ist möglich.

Offen die Sinne, offen der Geist.
Wie aushalten, was berührt und betrifft?
Jede Empfindung, jede Erscheinung,
jede Begegnung berührt direkt.
Der Wind – ein Wesen,
die sich ballenden Wolken
und du, das mich trifft.
Ihr schwingt in mir und seid so ich.

Wie soll ich mich zeigen,
wie soll ich dich nehmen,
ohne Willkürschnitt zwischen dir und mir?
Wie können wir ich sein, ohne zu trennen,
mit durchlässigen Grenzen –
und dennoch wir selbst?

Wie auch immer die Rückkehr aus dem Schweigen sein mag – nach einigen Tagen wird meist klar, dass sich die Welt nicht verändert hat und es unausweichlich scheint, die Struktur unserer Welt mit ihrem Funktionieren, ihrem Stress, ihren Vergnügungen, ihrer Gewalt und ihrer Schönheit wieder in uns aufnehmen zu müssen. Wir merken, dass wir ihr nicht entfliehen können und wir uns ihr zu stellen haben. Das Begreifen der Wurzeln dieser Struktur verändert sie zunächst einmal nicht. Auch wenn wir tief innen wissen, dass sie entsteht, weil wir den Kontakt zu unserer wahren Natur verlieren und uns verirren im Gestrüpp unserer Überzeugungen, Geschichten und Egoismen. Auch wenn wir schmerzhaft spüren, wie fast jeder von jedem getrennt ist, und wie viel Isolation, Verhärtung und oberflächliches Verhalten dadurch entsteht, dass unsere Bilderwelt und unsere Ideologien zur einzigen Wirklichkeit geworden zu sein scheinen.

Drängend beschäftigt uns dann die Frage, was wir aus solch einer Schweigeerfahrung mit ihren tiefen Einsichten und ihrem Berührtsein durch die Natur in unseren Alltag integrieren können. Wir fragen uns, ob sie nicht die Diskrepanz nur noch schmerzhaft verstärkt und uns vielleicht sogar zu sehr sensibilisiert, um in der Berufswelt und mit den gesellschaftlichen Gegebenheiten zurechtzukommen?

Unsere menschliche Welt ist für jeden von uns eine Herausforderung, die oft schwer erträglich ist, und sicherlich gibt es keine einfachen Antworten und Lösungen. Die Kluft zwischen den Ideologien, den Nationen und Religionen, die immer wieder zu Kriegen und Terror führt, die Kluft zwischen arm und reich und die Bedrohung durch eine ökologische Krise scheinen dramatisch zuzunehmen. Die Tendenz zu immer mehr Entfremdung durch Technik, Medien-Beeinflussung und fast alles beherrschender Kommerzialisierung scheint unaufhaltsam. Auch das Angebot an hypnotisierender Unterhaltung und konsumierbarem, mentalem »Fast Food« wächst ständig. Dies geht inzwischen so weit, dass man sich beispielsweise in einer virtuellen, dreidimensionalen »Community« eine neue Identität als »Second Life« parallel zum Alltag erschaffen kann, um noch in einer zusätzlichen Bilderwelt zu leben. – Die Folgen all dieser Tendenzen sind unabsehbar!

Das Üben von Wahrnehmungsqualitäten wie Spüren und Lauschen, oder die Beschäftigung mit Grundfragen über das Ich und das Denken kommen deshalb vielen unserer Mitmenschen ganz fremd und abwegig vor. Was also tun, wenn wir wieder nach Hause kommen und unser Alltag und unsere Beziehungen uns fordern? Wie kann es gelingen, zwei so unterschiedliche Erfahrungswelten zusammen zu bringen?

Wie so oft, mag es gut sein, diese Frage so offen und lebendig zu halten wie nur irgend möglich. Ja, es ist zu empfehlen, sie zu pflegen und nicht zu vergessen. Denn offene Fragen, die in uns brennen, bewirken Wachheit und direktes Schauen. Schon dadurch rufen sie uns in eine Verbindung zum Unmittelbaren.

Je mehr wir dann in unserem Alltag wirklich schauen und spüren, ohne gleich Antworten und Lösungen zu wollen, desto sensibler werden wir auch dort, und desto mehr Mitgefühl wächst in uns. Dies wird uns dabei helfen, unsere Mitmenschen und unser gemeinsames Tun deutlicher wahrzunehmen, uns davon berühren zu lassen und alles mehr und mehr in seinem Zusammenhang und Zusammenklang zu erfahren.

Im Folgenden möchte ich einige zusätzliche Anregungen geben, die dabei helfen können, das im Schweigen Erfahrene weiter zu klären, zu vertiefen und zu üben.

Kontakt zur Stille halten

Das größte Geschenk des Schweigens ist die Stille. Sie ist wahrscheinlich das Erholsamste, das es für das Gehirn gibt. Fast jeder hat im Retreat zumindest ein wenig den Zugang zur Stille gefunden und erlebt. Dieses kostbare Geschenk gilt es im Alltag zu pflegen und bei sich zu tragen, damit es seine Heil- und Reinigungskraft längerfristig spürbar machen kann. Auch hierfür kann nur jeder durch Interesse, Hinwendung und Ausprobieren einen eigenen Weg finden.

Sicherlich ist es gut, die Erfahrung und Wirkung von Stille einmal länger erlebt zu haben, um motiviert zu sein, im Alltag etwas dafür zu tun, sie auch dort möglichst häufig zu spüren. Dafür ist es unterstützend und wahrscheinlich notwendig, dass wir Erinnerungshilfen und Zeiten der Besinnung in unsere normale Routine einbauen. Dies mögen ganz kurze Pausen in unserem alltäglichen Tun sein, in denen wir zum Beispiel die Augen schließen und unseren Atem spüren. Oder wir nehmen uns regelmäßig längere Zeiten für Meditation, Spaziergänge, Körperübungen, kreatives Schaffen und vieles andere, das uns in die Stille und in die Gegenwart führt. Wesentlich ist, dass der »Seins-Geschmack« im Gehirn immer wieder frisch gespürt wird. Deshalb ist es wahrscheinlich gut, sowohl kurze Pausen als auch eine längere Hinwendung zu üben: Ein bewusstes Atemholen mitten im Trubel und ein sich Zurückziehen in ein intensives Lauschen und Spüren. Bei beidem geht es um Innehalten, achtsames Loslassen und um ein Sich-der-Präsenz-Öffnen.

Aus Erfahrung kann ich sagen, dass ein beständiges tägliches Üben eine starke Wirkung im Alltagsleben hat und von wesentlicher Bedeutung für unsere Gesundheit und unseren Bewusstseinszustand ist. Denn vieles ändert sich, wenn der »persönliche« Bewusstseinsraum, der meist von der Ich-Welt dominiert wird, in nicht zu langen Abständen von Stille erfüllt wird. Festgehaltenes und hart Identifiziertes wird dann weicher und flüssiger. Fragen und Probleme bleiben eine Zeit lang ohne die Suche nach Antwort und Lösung. Sie schweben sozusagen in der Stille und werden von einer Energie berührt, die annimmt und entspannt. Dadurch wird die Aufmerksamkeit offener und kann spüren, was außer den Problemen noch da ist. So erinnert uns die Stille immer wieder neu an unser Wesen, unser Sein und unsere unmittelbare Umgebung. Wenn wir dann wieder in unsere Aktivitäten einsteigen, fließt etwas davon in unser Tun und wird sichtbar. Dadurch kommuniziert es in unsere Umgebung und wirkt. Ein wenig Stille und Gelassenheit fließen so auch zu den anderen.

Je öfter man das erlebt, desto mehr merkt man, wie entlastend und wohltuend diese Art des Daseins ist, und wie sie die Kommunikation mit anderen erleichtert. Die Wirkung wird noch deutlicher, wenn man es sich zur Gewohnheit macht, die eigenen Gedanken und Gefühle möglichst häufig und in den unterschiedlichsten Situationen etwa durch Innehalten und Lauschen in Kontakt mit dem Unmittelbaren zu bringen. Öfters versinken sie dabei in der Stille, bis die nächsten auftauchen und auch wieder verstummen. Das Denken kommt dann mehr und mehr aus dem Raum des Seins.

Nach und nach wird dadurch spürbar, dass in Wirklichkeit unser ganzes alltägliches Tun und alle unsere Beziehungen im unendlichen Raum der Gegenwart mit seiner alles bergenden Stille stattfinden. Sie hört nie auf, sondern ist immer da. Mit all unseren Irrwegen und Wechselbädern wird so unser Leben immer mehr zu einem Ein- und Auftauchen in und aus der Stille. Das Tätigsein des jeweils Handelnden taucht aus ihr auf, entwickelt sich den Umständen entsprechend und taucht wieder in sie ein.

Manchmal und immer öfter ist sogar beides gleichzeitig da. Dadurch verändern sich spürbar unsere Ausstrahlung, unsere Beziehungen und auch unser Verhältnis zu uns selbst. Wir werden auf natürliche Weise liebenswerter, liebevoller und achtsamer – denn unser Freund ist die Stille.

Lache!
Du verwundete Seele.
Lache über dein Glück.
Nichts umgibt dich
als Zauber –
der Zauber dieses verwandelten Lichts.

Du atmest vom Herzen
und spürst –
und spürst, du bist da.
Alles sieht dich
und erlöst dich schon
im ersten Blick.
Denn überall tanzen
deine Geschwister,
und ihr Tanz
nimmt dich mit.

Nur aus der Ferne
winkt noch Erinnerung –
die Erinnerung an dich.
Doch ein Kräuseln bist du
im ewigen Meer –
und versinkst.

Sein, wo ich bin

Eine andere Lektion des Schweigens hat mit unserer Art des Daseins zu tun. Wenn uns wirklich nahe gekommen ist, dass es nur das Jetzt gibt, dann ist uns klar, dass der Wert des Lebens nur in der aktuellen Situation zu finden ist. Das heißt, dort, wo wir gerade sind, ist der einzige Ort, wo wir Leben und Lebendigkeit spüren können – ganz gleich, wie die Situation auch sei. Die gegebenen Umstände sind die jeweils richtigen.

Um das zu spüren, muss ich bereit sein, mich ganz und gar auf die Situation einzulassen. Dann bin ich ohne Widerstand und ohne zu vergleichen oder etwas anderes zu wollen in der Situation präsent. Das heißt, die Situation wird, so wie sie ist, voll angenommen. Dadurch hört der Konflikt auf, und jede Situation verwandelt sich in das Jetzt. Die Wirkung ist unbeschreiblich.

Fließende Identität

Wenn wir über Jahre öfter einer Schweigezeit in unserem Leben Platz geben und in unserem Alltag regelmäßig üben, den Kontakt zum Jetzt und zur Stille zu finden, kann nach und nach die Empfindung des Fließens unser Leben begleiten, des Fließens der Gegenwart. – Was geschieht auf dem Weg dahin?

Ich, mein Denken, Fühlen und Handeln verlieren etwas von der Schwere und Starrheit festgelegter Identifikationen und sind mehr im Fluss, das Vergehende lassend und im Neuen anwesend. Beim Aufstehen grüßt der Morgen, und im Bewusstsein wird das Ich sichtbar, wie es den Tag und sich selbst darin organisiert. Wachheit ist da, und die ersten Begegnungen mit anderen, zum Beispiel in der Familie oder wo auch immer, werden häufiger zu wirklichen Augen-Blicken.

Wenn Verhakungen erfolgen und psychische oder emotionale Probleme und Konflikte auftauchen, dauert es nicht mehr so lange wie früher, bis diese Prozesse in ihrem Ablauf und ihrer spezifischen Qualität im Bewusstsein bemerkt werden. Wenn sie dann in der Achtsamkeit sind, helfen oft einige lauschende Atemzüge oder auch das Spüren der Umgebung oder des Herzens, um ihnen etwas von ihrer in die Enge treibenden Kraft zu nehmen. Dadurch entsteht mehr Raum und Klarheit im Gehirn, um zu spüren, was in der gegebenen Situation stimmiges Handeln ist. Oft sind es Humor, Leichtigkeit oder zu zeigen, dass wir direkt berührt sind.

Auch im Bereich des praktischen, funktionalen und beruflichen Tuns ändert sich vieles. Wesentlich ist dabei der allmähliche Abbau innerer Widerstände und Hemmnisse dem gegenüber, das gerade geschieht oder zu tun ist. So wird der Umgang mit Mühsamem, Lästigem und Störendem leichter. Auch funktioniert das Gehirn in einem »flüssigeren«, weniger fest »verschraubten« Zustand viel effektiver und kreativer. So finden sich oft ganz unerwartete Lösungen, und insgesamt bringt die Arbeit weniger Stress und mehr Freude.

Eine gewisse Gelassenheit ist eingekehrt, ein Annehmen des Geschehenden und eine wachsende Fähigkeit, sich einzulassen und hinzugeben. An manchen Tagen fließt ein Gedanke in den anderen, eine Begegnung in die nächste und eine Tätigkeit in die folgende. Dabei zeigt sich das Ich in jeder Situation in einer etwas anderen Form und Gestalt. Es ist beweglich, spielerisch und anpassungsfähig.

Dann ist es fast so, als würde man durch den Tag getragen – mal in intensiver Anwesenheit und mal eher träge und mit weniger Energie. Aber immer ist das Gefühl vorherrschend, dort zu sein, wo man ist, und bei dem zu sein, das man gerade tut. All dies bringt einen deutlichen Zuwachs an Freude, Herzensenergie und Kreativität. Man spürt deutlich, wie die Medizin der »Heilpflanze« Schweigen wirkt.

Ohne Beschreibung leben

Oft ist es hilfreich, sich im Alltag von der Frage begleiten zu lassen: »Kann ich da sein, ohne mich zu beschreiben?« Im Schweigen haben wir erlebt, dass die Welt ohne Beschreibung, ohne einen gesonderten Beobachter, nicht zusammenbricht, sondern der Vorhang sich öffnet zu allem, was gemeinsam da ist. Auf natürliche Weise wird das Gehirn entspannt und gelöst. Ohne ein von ihm gedachtes Zentrum ist alles es selbst und atmet die Unerklärlichkeit des Seins ein und aus. Innen und außen sind nicht mehr zu trennen.

Wenn wir uns Zeiten in der Natur, mit Musik, in der Liebe oder voll schöpferischen Tuns gönnen, ist diese Erfahrung auch im Alltag fast immer möglich. Aber wenn wir uns ganz »normal« begegnen – in der Arbeit, in einem Geschäft oder auf einer Party –, ist es dann auch möglich, miteinander zu sein, ohne uns gegenseitig so definiert zu beschreiben, dass Wände und bekannte Bilder zwischen uns stehen?

Das ist die wirkliche Herausforderung im Alltag: uns als Wesen unter Wesen zu erleben und zu treffen, ohne einander fixierend zu beschreiben. Dann wird hinter aller Bedeutung und Wichtigkeit der Identifizierung etwas sichtbar, vor dem wir unsere Herzen nicht verschließen können. Egal, wie unterschiedlicher Ansicht wir auch sein mögen, unsere Beziehung wird dann direkt und gemeinsam fließend erlebt. Es ist eine Beziehung des sich gegenseitig Erkennens, und deshalb der Liebe.

Gleichzeitiges Wahrnehmen

Alles, was gerade geschieht, geschieht zusammen als die lebendige Bewegung der Gegenwart. Doch ist es schwierig und uns meist nicht vertraut, in den unterschiedlichsten Situationen alles, was gemeinsam da ist, auch gleichzeitig bewusst wahrzunehmen. Meist sind wir in unserer Aufmerksamkeit von dem absorbiert, mit dem wir uns gerade gedanklich, in der Kommunikation oder im Tun beschäftigen. So bedarf es einer bewussten Hinwendung, um eine wirklich offene Achtsamkeit zuzulassen und das Miteinander des aktuell Geschehenden wahrzunehmen: die jeweiligen Empfindungen und Gefühle, die über die Sinne im Bewusstsein entstehenden Eindrücke der Umgebung, die gedanklichen und verbalen Inhalte der Gespräche mit anderen und mit sich selbst. Eine solche Achtsamkeit verbindet unser inhaltliches Beschäftigt- und Identifiziertsein mit dem Gegenwartsraum und allem, was in ihm geschieht. Sie entspringt nicht dem Denken, sondern der Bewusstheit des Daseienden selbst.

Doch damit diese Achtsamkeit in unserem Alltag Raum nimmt, ist es wahrscheinlich nötig, das Wahrnehmen des Gleichzeitigen bewusst zu üben: Wir können das tun, wo immer wir sind, indem wir zunächst darauf achten, was gerade unseren Fokus hält und bestimmt, und mit was wir gerade identifiziert sind. Dann gilt es, einen gewissen Abstand dazu zu gewinnen – so wie wenn wir den Blick weiten und uns dadurch zur gesamten Umgebung öffnen. Andere gleichzeitig stattfindende äußere Interaktionen und innere Prozesse tauchen dadurch auf, und auch ein Empfinden des Daseins selbst, ohne spezifischen Inhalt. All das ähnelt dem Öffnen einer Kameralinse von einer Detailfokussierung zu einem Panoramabild.

Wenn man diese Bewegung des Achtsamseins länger übt, kann sie einem in schwierigen Situationen sehr helfen. Es ist wie ein Atemholen und ein In-Kontakt-Kommen, das alles relativiert und verbindet. Insbesondere, wenn man sich völlig in etwas verfangen hat, löst es oft

Erstaunen und Erleichterung aus, zu sehen, was konkret alles sonst noch gerade stattfindet. Es ist wie eine neue Art, schwimmen zu lernen, ein Schwimmen, das mit einem geschieht: fokussiert und unfokussiert, Detail und Gesamtes, Identität und Sein.

Lass dich ergreifen,
nimm es hinein
wie ein schmelzendes Bad,
das du trinkst.
Es trägt dich,
durchströmt dich,
befreit dich –
durch sich.
Offene Augen verwandeln die Welt
wie ein spiegelnder See
aus dem Wasser der Sonne.
Liebeslicht.

Schwebende Balance

Ein weiterer Bereich, in dem wir das im Schweigen Erlebte praktizieren können, ist unser alltäglicher Umgang mit akut drängenden Fragen, Konflikten und Problemen, die sich nicht ohne weiteres klären lassen. Wie in diesem Buch schon des Öfteren angeregt, geht es dabei darum, Ungelöstes und Fragwürdiges nicht gleich zu bearbeiten, sondern es genauso, wie es ist, in einem bewussten Schwebezustand zu halten, der jede mögliche Antwort und Lösung offen hält. Das bedeutet, dass wir nicht – wie wir es gewohnt sind und automatisch tun – sofort denkend damit beginnen, mögliche Antworten zu formulieren und Lösungen zu diskutieren und wieder zu verwerfen, sondern dass wir die Fragen wie unfokussiert stehen lassen und sie dennoch nicht aus der Achtsamkeit verlieren.

Dadurch sind sie ganz selbstverständlich in Stille, ohne dass sich eine intellektuelle oder analytische Aktivität mit ihnen beschäftigt. Es ist so, als sei die Frage übergeben an einen unpersönlichen Raum, in dem alles Wissen schon immer unformuliert und zusammenhängend beheimatet ist. Es ist der Raum des Allwissens und der wahren Intelligenz, die niemandem gehört und die alles in höchster Ordnung zusammenhält und lenkt.

Wesentlich ist dabei, dass das Ich und das Denken bewusst aufhören – und das ist ein Übungsprozess –, sich in intellektuellen und emotionalen Kreisen aus Argumenten und Gegenargumenten zu drehen und dadurch immer wieder in ausweglose Enge und Verwirrung zu geraten. Stattdessen werden sie leise und lauschen mit der Frage in die Stille. Sie lauschen so lange, bis irgendwann – oft unerwartet und aus unbekanntem Raum – eine Antwort kommt. Diese ist häufig überraschend und fast immer stimmig, was daran zu spüren ist, dass sie sich auch bei mehrfacher Überprüfung richtig anfühlt und keinen Geschmack von Konflikt erzeugt.

Dieser Weg des Gelassen-nach-innen-Lauschens, den Antworten der Intuition und der wahren Intelligenz zu folgen, ist auch hilfreich, wenn es darum geht, scheinbar unvereinbare Tendenzen, Situationen, Interessen und Beziehungen in unserem Leben in eine stimmige Balance und Harmonie zu bringen oder die Vielschichtigkeit und Unverstehbarkeit unseres Lebens auszuhalten. So vieles ruft und lockt uns! Und oft sind wir hin und her gerissen und wissen nicht, was tun. Die unterschiedlichen Tendenzen und Interessen lassen sich nicht miteinander vereinbaren, und es ist unmöglich, es allen recht zu machen, die etwas von einem wollen und erwarten. Manches drängt ungezähmt vorwärts, anderes wiederum bremst mit Lähmung und Angst.

Noch dazu gibt es tief innen viel Verstecktes, das man sich selbst nur selten eingesteht: Träume, Wünsche, Ängste, Unausgesprochenes und Unaussprechliches. Dazu das Gefühl, dass vieles einen überwältigt oder unbegreiflich ist: die Komplexität der gesamten menschlichen Situation, die Intensität des Lebendigen und die Unbegreiflichkeit des Todes. So quält immer wieder die Frage: »Was und wie das Richtige entscheiden und tun?« Da ist es gut, wieder ganz direkt in den Moment zu lauschen und aus den Formulierungen und Beschreibungen auszusteigen. Dann wird sofort deutlich, dass im akuten Geschehen – nämlich jetzt – die Balance, um die es geht, schon besteht. All unsere Fragen, Sehnsüchte, Zerrissenheiten und das Gefühl, überwältigt zu sein, haben genauso, wie sie gerade da sind, Platz in der Schwingung dieses Augenblicks. Da sie da sind, gehören sie dazu.

Und es zeigt sich: Das drängende Gefühl und die Überzeugung, etwas mit diesen vielen Tendenzen und unterschiedlichen Bereichen tun zu müssen, eine Entscheidung treffen zu müssen, eine Lösung finden zu müssen, sind vielleicht ganz unnötig. Vielleicht gibt es gar nichts zu tun und zu entscheiden. Vielleicht geht es nur darum, die Vielfalt der Widersprüche, Träume und ungelösten Probleme anzunehmen und als solche zu belassen – und zwar genauso, wie sie in ihrem inhaltlichen und emotionalen Gehalt im Bewusstsein auftauchen.

Beim tieferen Hinspüren wird dann deutlich, dass in uns überhaupt immer alles mitschwingt, was wir je gedacht, gefühlt und erlebt haben und was sich in uns bewegt – und nicht nur das, sondern überhaupt alles, was da ist. So basiert die Vorstellung, sich entscheiden zu müssen, oft auf einer Illusion; der Illusion, dass etwas verschwindet, weil ich mich woanders hinwende oder etwas zu vergessen suche. Aber in Wirklichkeit ändert sich nur seine Bedeutung und Sichtbarkeit. Denn wohin sollte es denn im Gesamten verschwinden? Gemeinsam mit allem schwebt es weiter im Bewusstseinsraum, ist Teil des Ichs und gehört zum Geschehen, das sich ständig verändert. Verwirklichtes und Mögliches fließen ineinander und sind nicht wesensunterschiedlich.

Nichts ist fest, nichts ist bestimmt und andauernd, nichts muss oder kann entschieden werden. Mal geht es in die eine Richtung, mal in die andere, wie bei einem Tänzer auf dem Seil. Balance halten, mit allem jonglieren, das Schweben des Unentschiedenen aushalten, das Herz weit öffnen, mit allem atmen und sich verneigen vor dem Fluss. Dann trägt uns das Leben, und was geschieht, stimmt.

Tausende Arme in Shivas Tanz.
Kaleidoskope in jeder Hand,
schillernde Blasen aus Wirklichkeit.
Immer schneller dreht sich der Kreis,
Verzauberung, Schrecken, Vergänglichkeit.
Alles wirbelt, glänzt und verwirrt,
entsteht und vergeht im Flug zugleich.
Nur Shiva – ganz innen,
steht still und schweigt.

Freiheit und Verantwortung

Eingebunden in alles, geschehen wir im Geschehen. Jeder Augenblick unseres gegenwärtigen Lebens, jede Handlung und jedes Ereignis sind spezifischer Ausdruck sich gegenseitig bedingender, definierender und auslösender Elemente. Nie geschieht etwas nur durch mich. Das heißt aber nicht, dass ich ein willenloser Spielball aller Kräfte bin, ein Zahnrad in einer karmisch-kosmischen Maschinerie, ohne Verantwortung und ohne Wahl.

Ganz im Gegenteil, gerade weil ich mit allem in Beziehung stehe, wirken mein Fühlen, Denken und Tun auf alles. Meine jeweilige Befindlichkeit und Ausstrahlung sind mein Beitrag zum Gesamtgeschehen jeden Moments. Meine Wut, mein Ärger, meine Angst, meine Freude, meine Lust, meine Liebe breiten sich in alle Richtungen aus, und je näher mir etwas ist, desto stärker wirken sie. Gewalt vermehrt Gewalt, Negativität vermehrt Negativität, Mitgefühl vermehrt Mitgefühl.

Sicherlich können wir nicht aus unserer Haut schlüpfen, und auch unsere Konditionierungen scheinen ziemlich stabil und ein Leben lang wirksam. Einiges mag sich verändern, aber die Grundtendenzen bleiben meist prägend in unserem Verhalten. Doch in jedem Augenblick haben wir – genau wie die Elementarteilchen – verschiedene Möglichkeiten, zu sein; nicht unbegrenzte, aber deutlich unterscheidbare. Die jeweilige Wahrnehmung der Welt und unserer selbst, der jeweilige Bewusstseinszustand lässt unterschiedliche Reaktionsmöglichkeiten offen, die nicht vorherbestimmt sind.

Wodurch geschehen dann die Wahl und die Entscheidung, wie, als wer, mit welchem Verhalten und welcher Energie wir in der Welt erscheinen? – Ich meine, sie hängen mit dem Grad der Achtsamkeit und unseres unmittelbaren Kontakts mit dem Jeweiligen zusammen. Unsere Wahlmöglichkeit liegt in der ein Leben lang bestehenden und nie endenden Chance, diesen Kontakt zu praktizieren, indem wir uns selbst kennenlernen, den Geheimnissen des Lebens nachspüren und uns von dem berühren lassen, was ist. Wir haben die Freiheit, zu schauen, zu lauschen und zu fragen. Es ist der Ruf des Lebendigen, das ständig zu uns spricht. Es ist die Freiheit, zu entscheiden, wohin wir unseren Blick richten und wie viel Zeit und Energie wir uns für das Wahrnehmen gestatten.

Wie vielfach betont, können erst in einem solchen bewussten Schauen die Automatik der Konditionierung und unseres Identifiziertseins mit ihren Folgen im Handeln sichtbar werden, aber auch unser Potenzial, unsere Kreativität und unsere Schönheit. Ein Innehalten und Nachspüren werden dadurch möglich, eine Verbindung mit dem Raum, in dem alles geschieht. Durch Achtsamkeit weitet sich so der Horizont, und in vielen Situationen eröffnen sich unterschiedliche Handlungsmöglichkeiten.

Das für den Moment Stimmigste kann dann ganz natürlich geschehen, weil die Achtsamkeit das Wesentliche im Zusammenhang berücksichtigt und Balance hält. Dadurch werden unser jeweiliges Handeln, unsere Art zu erscheinen und unser Beitrag zum Gegebenen häufiger stimmig und authentisch. Konfrontation und Leidvolles, Verzweiflung und Ausweglosigkeit sind zwar auch dadurch nicht vermeidbar, aber in der damit verbundenen Auseinandersetzung ist die Schwingung des Herzens und des Anwesenden öfter spürbar. Enge wird weiter, Leid wird erträglicher, Aggression trifft weniger Widerstand.

So gilt es, in jedem Augenblick eine Balance zwischen der willentlichen Hinwendung zum Geschehen und einem sich dem Fluss Überlassen zu lernen, um mit stimmigem Handeln zu leben. Dies bedarf einer beständigen, bewussten Übung von Achtsamkeit, Lauschen, Hingabe und Geduld. Unsere größte Verantwortung im Leben besteht deshalb wohl darin, diesem Üben so viel Priorität, Raum und Energie zu widmen, wie nur irgend möglich. Wenn wir diese Verantwortung bejahen und ihr entsprechend in unserem Alltag leben, wird unsere Wesensschönheit sichtbar, und wir sind ein Licht im Licht.

Gib dich hin,

du,

des Lichtes Gesang.

Gib dich hin

an den fließenden Klang

und den Strom der Stille,

aus dem du tönst.

Literaturempfehlungen

Atabay, Cyrus (Übers.): *Hafis, Rumi, Omar Chajjam – Die schönsten Gedichte aus dem klassischen Persien.* C.H. Beck, München, 2. Aufl. 2004

Barks, Coleman mit Moyne, John (Übers.): *The Essential Rumi.* Harper, San Francisco 1997

Bohm, David: *On Dialogue.* Routledge, London 2004

Bohm, David: *Thought as a System.* Routledge, London 1994

Bohm, David/Peat, David F.: *Science, Order and Creativity.* Bantam, New York 1987

Capra, Fritjof: *The Web of Life.* Anchor Books Doubleday, New York 1997

Dürr, Hans Peter/Österreicher, Marianne: *Wir erleben mehr als wir begreifen. Quantenphysik und Lebensfragen.* Herder Spektrum, Freiburg, 6. Aufl. 2006

Dunn, Jean (Hg.): *Prior to Consciousness. Talks with Sri Nisargadatta Maharaj.* Acorn Press, Durham/North Carolina 1990

Meister Eckhart: *Deutsche Predigten und Traktate*. Hanser, München, 6. Aufl. 2000

Foerster, Heinz von/Glaserfeld, Ernst von/Hejl, Peter M./Schmidt, Siegfried J./Watzlawick, Paul: *Einführung in den Konstruktivismus.* Piper, München/Zürich, 9. Aufl. 2006

Godman, David (Hg.): *Be as you are. The Teachings of Sri Ramana Maharshi.* Arkana Penguin, London/New York 1991

Hayward, Jeremy: *Die Erforschung der Innenwelt. Neue Wege zum wissenschaftlichen Verständnis von Wahrnehmung, Erkennen und Bewusstsein.* Insel Taschenbuch, Frankfurt am Main 1996

Kabir: *Im Garten der Gottesliebe.* Werner Kristkeitz, Heidelberg 2005

Krishnamurti, Jiddu: *The Awakening of Intelligence.* Harper, San Francisco 1987

Krishnamurti, Jiddu: *Freedom from the Known.* Harper, San Francisco 1975

Krishnamurti, Jiddu: *Krishnamurtis Notebook.* Krishnamurtis Publications of America, 2004

Krishnamurti, Jiddu/Bohm, David: *The Ending of Time.* Harper, San Francisco 1985

Laotse: *Tao Te King*. Diederichs Gelbe Reihe, Düsseldorf/Köln 2000

Laszlo, Ervin: *The Connectivity Hypothesis. Foundations of an Integral Science of Quantum, Cosmos, Life, and Consciousness.* State University of New York Press, Albany 2003

Laszlo, Ervin: *Science and the Akashic Field. An Integral Theory of Everything.* Inner Traditions, Rochester/Vermont 2007

Laszlo, Ervin: *Science and the Reenchantment of the Cosmos. The Rise of the Integral Vision of Reality. Inner Traditions,* Rochester/Vermont 2006

Mittelsten Scheid, Dieter: *Türen zum Sein.* Eigenverlag, München 2002

Richter, Herta/Mittelsten Scheid, Dieter: *Vom Wesen des Atems.* Forum Zeitpunkt Reichert, Wiesbaden 2006

Rilke, Rainer Maria: *Gesammelte Werke, Band 1 und 2 Gedichte.* Insel, Frankfurt/Main 2003

Siefer, Werner/Weber, Christian: *Ich. Wie wir uns selbst erfinden.* Campus, Frankfurt/New York 2006

Singer, Wolf: *Ein neues Menschenbild? Gespräche über Hirnforschung.* Suhrkamp Taschenbuch, 4. Aufl. 2006

Sri Nisargadatta Maharaj: *Ich bin.* Kamphausen, Bielefeld, 4. Aufl. 2002

Suzuki, Shunryu: *Zen Mind. Beginners Mind,* Weatherhill, New York/Tokio 1973

Varela, Francisco J.: *Ethical Know-How.* Stanford University Press, Stanford 1999

Varela, Francisco J.: *Traum, Schlaf und Tod. Grenzbereiche des Bewusstseins. Der Dalai Lama im Gespräch mit westlichen Wissenschaftlern.* Piper, München, 5. Aufl. 2005

Wilber, Ken: *Quantum Questions. Mystical Writings of the World's Great Physicists.* B & T, 2001

Über den Autor

Dieter Mittelsten Scheid,

Dr. med., geb. 1942, ist Arzt, Psychotherapeut und Atemtherapeut. Er ist ausgebildet in Psychiatrie, humanistischer Psychotherapie sowie in Atemtherapie nach Herta Richter und in Funktionaler Integration nach Feldenkrais. In seiner geistigen Ausrichtung wurde er stark beeinflusst von Jiddu Krishnamurti; außerdem lernte er die Praxis der Vipassana-Meditation. Von 1972 bis 1981 arbeitete er als Therapeut und Co-Leiter in dem von ihm mitbegründeten Therapiezentrum *Coloman* bei Wasserburg.

Dieter Mittelsten Scheid ist großer Garten- und Naturliebhaber sowie Hobbyfotograf. Wesentlich sind ihm Erfahrungen mit Alleinsein in den Bergen, in der Wüste und in der Toskana. Gemeinsam mit seiner Frau Batya Schwartz leitet er seit über 20 Jahren Schweige- und Bewusstseins-Retreats für Gruppen in ihrem eigenen Zentrum in der Toskana. Darüber hinaus bietet er Atemtherapie, Lebensberatung und meditative Gesprächskreise in München, Italien und Österreich an.

Wenn Sie Anfragen zu den Retreats, Seminaren und Beratungen haben, so richten Sie sie bitte an:

Mail: **retreats@locpoci.com**

Weitere Informationen finden Sie unter:
www.locpoci.com

Psychologie & Lebenshilfe

Meditation und Vision

Ken Wilber
INTEGRALE SPIRITUALITÄT
Spirituelle Intelligenz rettet die Welt
ca. 480 Seiten, mit Grafiken. Gebunden
ISBN 978-3-466-34509-0

Pierre Stutz
WAS DIE STILLE ERZÄHLT
Tagebuchmeditationen
128 Seiten. Gebunden
ISBN 978-3-466-36756-6

Gregor Baumhof
GESÄNGE DER STILLE
Mit dem Gregorianischen Choral meditieren.
Ein Übungsbuch mit CD
160 Seiten, mit farbigen Fotos
ISBN 978-3-466-36721-4

KÖSEL

SACHBÜCHER UND RATGEBER
kompetent & lebendig.

www.koesel.de
Kösel-Verlag München, info@koesel.de

190/191